TEXT+KRITIK

Heft 187
HELMUT KRAUSSER
Juli 2010

Gastredaktion: Tom Kindt

INHALT

Helmut Krausser

Coverversionen

Rilke – Der Panther – Coverversion

Sein Blick, von vierzig Gitterstäben
müde, trägt kein Bild, zerfällt.
Als würde es nur Stäbe geben,
dahinter aber keine Welt.

Parcours dämonisch starker Schritte,
der sich im kleinsten Kreise dreht,
die Kraft als Tanz um eine Mitte,
in der, betäubt, sein Wille steht.

Manchmal schiebt sich die Pupille
lautlos auf – ein Bild dringt ein
ins Herz, durch angespannte Stille –
und hört für immer auf zu sein.

Ein nahezu perfektes Gedicht. Es bleibt Ansichts- beziehungsweise Geschmackssache, ob man lieber die behäbigere fünfhebige Originalversion, die dem trägen Gang des Panthers eher entsprechen mag, der vierhebigen vorzieht, die dem Tier mehr Spannkraft und Geschwindigkeit verleiht. Für mich war ausschlaggebend, daß sich überhaupt eine gedrängtere Version ohne entscheidenden Substanzverlust als möglich erwies, was ich bei der Arbeit nicht unbedingt vorausgesagt hätte.

Brecht – Erinnerung an die Marie A. – Coverversion

1
Als die Geliebte bei mir lag,
wie zuvor nur in den Träumen,
an jenem Frühseptembertag
sah ich, unter Pflaumenbäumen,

eine Wolke, sehr weit droben,
durch den Himmel ziehn, sie war

so weiß und ungeheuer: oben.
Und nach dem Kuß schon nicht mehr da.

2
Seit jenem Tag ist sehr viel Leben
hinabgeschwommen und vorbei.
Die Bäume wird es nicht mehr geben.
Obs Liebe denn gewesen sei?

Du fragst, was sie mir damals galt?
Wir wissen beide, was du meinst.
Nun, ihr Gesicht vergaß ich bald.
Weiß nur: Ich küßte es dereinst.

3
Ein Kuß, der auch vergessen wär.
Doch jene eine Wolke, die
über mir so weiß, so sehr
weit oben war, vergeß ich nie.

Neue Bäume blühn, vielleicht
gebärt die Frau ihr siebtes Kind.
Die Wolke blühte nur Minuten.
Und schwand dahin im Sommerwind.

Brechts großes und berühmtestes Gedicht ist, gut vorgetragen, von einzigartiger Wirkungskraft, zweifellos. Sieht man genauer hin, fällt einem auf, daß er es sich formal, wie so oft, einfacher als nötig gemacht hat. Nur jede zweite Zeile ist gereimt, es finden sich etliche Wortwiederholungen, die im Vortrag kaum auffallen würden, die dennoch nicht sein müßten. Für die letzte Strophe habe ich keine bessere Lösung gefunden, als Brechts Beispiel zu folgen und auf einen durchgehenden Reim zu verzichten, alles andere hätte zusätzlichen Text erfordert. Ich denke, daß meine Version eine Alternative von eigenem Reiz bietet, und mehr diesem mächtigen Vorbild abzuringen, war wohl nie möglich.

C. F. Meyer – Der römische Brunnen – Coverversion

Der Wasserstrahl steigt auf, ergießt
sich fallend in die Marmorschale,
die sich füllt und überfließt
in eine zweite – Halbfinale –

denn die Schale in der Mitte
jener Schalenleiter reicht
den Überfluß an eine Dritte
weiter, nimmt und gibt zugleich.

Trinkt und tränkt, empfängt und lenkt
die schwappende Flut
und jede strömt und ruht.

Ein immergrünes Kanongedicht, das, genauer betrachtet, ein Update gut verträgt. Es handelt sich mehr um eine sprachliche Aktualisierung als eine konkrete Verbesserung. Es geht auch gar nicht, wenigstens in den meisten Fällen, um Verbesserungen. Mich interessiert schlicht, was ich aus diesem oder jenem Einfall gemacht hätte – wenn ich ihn denn gehabt hätte. Zuallererst ist dergleichen ein Experiment und/oder eine Hommage.

Eichendorff – Mondnacht – Coverversion

Als hätt der Himmel wieder
die Erde sanft geküßt,
daß jedes ihrer Lieder
von ihm nun singen müßt.

Musik ging durch die Felder,
die Ähren wogten sacht,
es wippten selbst die Wälder,
so glücklich war die Nacht.

Und meine Seele spannte
ihre vielen Flügel aus,
durchflog so hoch die Lande,
als flöge sie nach Haus.

Auch hier wurde eine als sakrosankt gehandelte Vorlage angegangen, mit recht interessantem Ergebnis, wie ich finde. Inhaltlich wurden neue, musikalischere Schwerpunkte gelegt, die Coverversion wirkt meiner Meinung nach stringenter, indem sie auf einen anderen, hymnenhafteren Fokus zielt. Wörter wie »Blütenschimmer« sind heutzutage angreifbar und ersetzungsbedürftig. Die vielen Flügel, die da auftauchen, weisen auf das gewachsene Einflußspektrum hin, das Künstlern inzwischen zur Verfügung steht, ansonsten wurde der romantische Duktus des Originals beibehalten, mit all seinem wunderbar funkelnden Pathos.

Möricke – Um Mitternacht – Coverversion

Die Nacht, sie kommt vom Meer, von sehr
weit her, sie nimmt das feste Land
und klammert an am Erdenrand,
ihr Auge sieht die Waage nun
der Zeit bei vollen Schalen ruhn.
Und lauter rauscht der Quell hervor,
er singt der Mutter Nacht ins Ohr
vom Tag, vom heut verlebten Tag.

Die Nacht, sie kommt vom Meer, von sehr
weit her, dem dunkelblauen Lied
hört sie nicht zu, sie ist es müd;
in ihr klingt Himmelsbläue nach,
der hellen Stunden Traumgemach,
doch stets behält der Quell das Wort,
erzählt im Halbschlaf immerfort
vom Tag, vom heut verlebten Tag.

Ein großes Gedicht, zweifelsohne, man kann Mörike allerhöchstens vorhalten, zu sehr den Sprachhülsen seiner Zeit verpflichtet gewesen zu sein. Meine Version besitzt ein pathetisches Surplus – und rückt das Original auf eine metaphysischere Ebene, lockert seinen Duktus auf, ohne es radikal zu modernisieren. »Der flüchtgen Stunden gleichgeschwungnes Joch« – hat mir nicht gefallen, ist eine zu volle, gekünstelte Zeile. Aber welche Wirkung geht von den beiden reimlos bleibenden Schlußversen aus! Darin ist das Gedicht seiner Entstehungszeit überlegen.

Wilhelm Busch – Die Selbstkritik – Coverversion

Selbstkritik ist großartig.
Man tadelt sich und adelt sich,
schmückt sich mit Bescheidenheiten,
gilt als redlich, raubt beizeiten
Kritikern die Munition.

Widerspruch empfängt man schon,
weil Menschen gerne widersprechen.
Im Bekennen meiner Schwächen
weise ich diskret drauf hin,
was ein toller Typ ich bin.

Wilhelm Busch ist formal souverän, aber kein Perfektionist gewesen. Die Coverversion entfernt sich vom Original, weist aber noch auf jenes hin. Meine Fassung kommt dank Binnenreimen mit nur zehn statt zwölf Zeilen aus, ist wohl etwas homogener und liest sich wie von Eugen Roth verfaßt, was ich übrigens durchaus nicht als Vorwurf empfände. Etwas Moderneres ließe sich aus der stofflichen Vorlage sicher irgendwie machen. Aber das ist das Schöne bei Coverversionen – man muß sie nicht mit aller Gewalt in die Gegenwart zerren.

Heine – Ein Jüngling liebt ein Mädchen – Coverversion

Ein Junge liebt ein Mädchen sehr,
die läuft nem andren hinterher.
Der andre liebt ne andre mehr
und pflanzt sich fort fortan mit der.

Das Mädchen, außer sich vor Zorn,
schnappt sich einen Gleichgesinnten.
Das Liebesspiel beginnt von vorn –
er liebt sie aber nur von hinten.

Ein Plot, so alt wie aktuell.
Menschen sitzen fest
im Liebeskarussell,
sehn vor sich wen, ersehnen den,

um rücksichtslos den Rest
des Festes zu verschmähn.
Manchen bricht das Herz entzwei.
Den andren ist das einerlei.

Auch hier stellt sich ein – zu Recht – als heilig gehandeltes Poem formal etwas schwachbrüstig dar, indem es metrisch hier und da hapert und nur jede zweite Zeile reimt. Ich habe inhaltlich die Aussage des Originals leicht erweitert, vom Konkreten mehr ins Allgemeine, an einer Stelle auch ins leicht Obszöne.

Man hört natürlich im Geiste die Vertonung durch Schumann – eine solche hat meine Version nicht zu bieten. Dennoch bin ich um sie froh. Sie zu verfassen, war, wie einen Moment lang Heine zu begegnen und ihm auf die Schulter zu klopfen. Ich bin mir beinahe sicher, daß er meine Alternative nicht überlegungslos fortgewischt hätte.

Helmut Krausser

Hölderlin – Schicksalslied – Coverversion

Ihr Lichtgestalten, Genien,
auf erdfernen Wolken,
der Glanzwind oben spielt,
wie Mädchenfinger Saiten
auf Harfen zupfen,
in eurem Empfinden.

Befreit noch von jeglicher
Spielart des Schicksals, wie
Säuglinge schlafen, so atmen jene
Himmelsgäste, in sich ruhend,
wie die geschlossene Knospe
zur Nacht alle Möglichkeiten
offenläßt. Das Blühen des Geistes
erwartet sie still, in ewiger Klarheit.

Uns anderen aber
ist es gegeben, ziellos zu
schwinden, zu fallen.
Wir leidenden Menschen, wie Wasser,
von einer zur anderen Klippe
geworfen, tauchen nach Liebe
im Ungewissen für immer.

Hier war Übermut am Wirken, denn Hölderlin, den Gott, in welcher Weise auch immer, abändern zu wollen, kommt nur Halbwüchsigen und Geisteskranken in den Sinn. Ich habe es dennoch versucht, heraus kam etwas, das nicht mehr ganz Hölderlin ist und nur ein wenig schon Krausser.

Meine Schlußzeilen beispielsweise enthalten etwas, das Hölderlin sich im Regelfall versagt hätte – den Hohen Ton im Umgang mit Numinos-Himmlischem trivial auf den Wunsch nach menschlicher Liebe zu rekurrieren. Diesen Tabubruch zu wagen, besaß jedoch einen gewissen ganz eigenen Reiz.

Ins Ungewisse hinab – nein. Das Ungewisse besitzt nunmal keine Richtung. Das sei dem großen Hölderlin als sanfte Kritik aufs Grab gelegt.

Goethe – Ein Gleiches – Coverversion

alles oben schweigt,
von unten steigt

kein hauch, der wärmt,
hinauf, in jene ruh.
kein käuzchen lärmt.
bald ruhst auch du.

Wer mich gelesen hat, weiß, daß ich von Goethe-Gedichten wenig halte. »Ein Gleiches« ist kein so großes Gedicht, wie alle Welt behauptet, ist jedoch auch nicht so überbewertet wie Goethes sonstige lyrische Produktion. »balde« und »ruhest« kann man aber guten Gewissens durch moderneres Deutsch ersetzen.

Hofmannsthal – Reiselied – Coverversion

fluten, die sich um dich reißen,
felsgeschmeiß, das auf dich zielt,
viel aasgeflügel, das, kalt-heißen
braten riechend, nach dir schielt.

tief unten aber liegt ein land,
in dessen alterslosen seen,
sich immerreife früchte spiegeln.

schöpf aus brunnen, spür die hand
der sanften winde, die dort wehen.
im schatten von uralten ziegeln.

Hier liegt der Fall mal anders. »Reiselied« ist für mich ein mißglücktes Gedicht, das aber Potenzial ausstrahlt. Man weiß sofort, was gemeint, was aber nur halbwegs und höchst ungefähr realisiert ist.

Hölderlin – An die Parzen – Coverversion

einen sommer gönnt, ihr gewaltigen, mir –
noch besser wären zwei, drei, vier,
damit ich stoffe finde, die ich dann
in ruhe ausarbeiten kann.

zuvor übersehene dinge bleiben
immer übrig, zu beschreiben.
zum beispiel dieses weiße blatt –
das so viel zu vertuschen hat.

einmal wie götter gelebt zu haben, genügt
nicht mehr, oft, zu oft, bescheidenheit lügt,
gelang mir das heilige ja, das gedicht.

aber es wurde mein herz drum williger nicht.
und meine geschändete seele drunten im orkus,
wird schweigen; einfach nur, weil sie es muß.

Wie schon gesagt, an Hölderlins riesenhaften Gedichten ist kaum etwas zu hinterfragen. Die Coverversion von »An die Parzen« ist demnach mehr frivole Travestie, die mit unbekümmerter Flapsigkeit beginnt, von der Vorlage im Plauderton wegführt, dann aber, trotz eines Selbstlobs, überraschend ernst bleibt und, unter Beibehaltung des pathetischen Vorwurfs, in fast gar nicht ironisch gebrochenem Tonfall, das ewige Thema der nicht zur Genüge erfahren habenden Aufmerksamkeit zu Lebzeiten behandelt.

Catull – Ille mi par esse deo – Coverversion

seis blasphemie, doch scheint mir göttlich, ja
göttlicher gar, als götter, der mensch,
der, dir gegenüber, dein antlitz betrachten,
dir zuhören darf,

wie süß du lachst, mir armem entschwinden
die sinne; sobald ich dich, lesbia, anseh,
stockt mir der atem, meine kehle wird trocken,
die zunge verdorrt.

flammen rieseln durch all meine glieder,
überwältigt vom klang deiner stimme
klingeln die ohren, mir wird schwarz
vor den augen.

und über mir ist nichts.

muße, catull, hat uns beide getötet.
sie trieb uns zu maßloser leidenschaft.
muße hat blühende städte, könige, samt
ihrer reiche zerstört.

doch muß man gerecht sein, vor jedem
fall in die tiefe gab es den einen
moment des genusses, reiner ekstase.
der war es wert

Wir wissen leider nicht, wie Catulls berühmtes Gedicht einst endete, uns liegt nur eine fragmentarische Fassung vor. Ich habe mich an einer Ergänzung versucht, die für Catull wohl zu gewagt geklungen hätte, andererseits – kann es nicht sein, daß die fehlende Strophe eben deshalb unter den Tisch fiel, weil sie für Catulls Zeitgenossen weit über jeden Tellerrand hinauswies?

Benn – Ein Wort – Coverversion

licht
und lieder,
dann wieder
nicht.

Meine Coverversion hat etwas Abschätziges, Persiflierendes, das sei rundum eingestanden.

Morgenstern – Das ästhetische Wiesel – Coverversion

vorüberziehen dreizehn
wunderschöne schwäne.
einer hat die pest,
die anderen migräne.

der eine ist todkrank
und kehrt zum sterben heim.
die andren leiden tapfer
für den reinen reim.

Morgensterns Gedicht ist perfekt, erlaubt ist daher nur eine Variation im Rap-Rhythmus zum Thema, die mit dem Wortlaut des Originals nichts, aber auch gar nichts zu tun hat, außer der Pointe, daß nämlich Tiere sich nach menschlich-ästhetischen Vorgaben verhalten. Ein guter Witz, erzählt mit anderen Worten.

Helmut Krausser

Alfred Lichtenstein – Der Angetrunkene – Coverversion

Man muß sich hüten, daß man nicht
ganz grundlos Amok läuft und schreit,
den Kellnern alle Knochen bricht
und Bier in ihre Fressen speit.

Man kann die ekle Zeit verkürzen,
im Rinnstein ein Exil sich bauen.
Kann sich von der Brücke stürzen,
dem Freund in seine Fresse hauen.

Man kann sich unter Hundswauwau
vom fetten Leib die Kleider reißen,
sie irgendeiner netten Frau
vor ungeküßte Füße schmeißen,

den kranken Kopf in ihrem Schoß
vergraben, hoffen, daß sie ihn
nicht gleich verstößt, es wäre bloß
ein Zeitgewinn, doch immerhin …

Martin Rehfeldt

»Die Hauptfigur heißt Helmut Trinker«

Lektüren von Helmut Kraussers Hagen-Trinker-Trilogie

Was ist an Hagen Trinker besonders bemerkenswert?
a) Er lebt mit Obdachlosen auf der Straße.
b) Er ist schizophren und ermordet Babys.
c) Er zeigt eine generationstypische Haltung.
d) Er lebt in München.
In Rezensionen zu Helmut Kraussers 1992 erschienenem Roman »Fette Welt«[1] werden a), c) oder d) favorisiert. Dass der Ich-Erzähler als sein in der Boulevardpresse ›Herodes‹ genanntes Alter Ego Babys tötet, wird dagegen selten überhaupt erwähnt. Diese eigenwillige Rezeption des dritten Bandes der Hagen-Trinker-Trilogie sowie die des 1989 veröffentlichten zweiten, »Könige über dem Ozean«[2], und des erst 1999 erschienenen ersten, »Schweine und Elefanten«[3], wird im Folgenden referiert und auf mögliche Ursachen hin analysiert. Anschließend werden alternative Lesarten skizziert.

1 Die Rezeption der Hagen-Trinker-Trilogie

Über die Figuren von »Könige über dem Ozean« heißt es, sie seien »einfach alltäglich«[4], das Buch sei »ein cooler Blick auf moderne Zeiten«[5] und dem Genre »Männerroman«[6] zuzurechnen. Mit den Bezügen zur Antike würden dem Leser in der »über weite Strecken leicht und schnell erzählten Geschichte« »ein paar Bildungsbrocken zu viel zugemutet«.[7]

»Fette Welt« wird als ein »Muss für Münchner«[8] bezeichnet, beschreibe »das nicht-ganz-so-coole München«[9]. Der »Sound von der Straße«[10] stimme, selten sei »in einem deutschen Roman so viel Gegenwart«[11] gewesen. Die »Ödnismisere der (...) jungen Generation« sei das Leitmotiv des Romans, Hagen ein »Rechercheur des wahren Lebens«.[12] Die beschriebene Kindheit sei exemplarisch[13] und generationstypisch[14]. Häufig wird erwähnt, dass Krausser wie Hagen vorübergehend auf der Straße gelebt hat, wobei die Identifikation von Autor und Figur teilweise so weit geht, dass es heißt, Krausser habe als Leichenbestatter gearbeitet[15], obwohl er diese Tätigkeit Hagens nie ausgeübt hat.[16] Großes Interesse scheint einer authentischen Schilderung des Obdachlosenmilieus zu gelten, wie auch in Jan Schüttes Verfilmung des Romans aus dem Jahr 1999, die nach einjähriger Recherche teilweise mit

Obdachlosen als Darstellern gedreht wurde und den Herodes-Strang gänzlich ausspart.

Nur in einer Rezension wird der Roman als »Geschichte einer Ich-Dissoziation nach dem Modell ›Dr. Jekyll and Mister Hyde‹« und Hagen als »moderner Nachfolger des gleichnamigen, kaltblütigen, kadavergehorsamen Sagenhelden aus dem Nibelungenlied« interpretiert.[17] Nachdem die Identität von Hagen und Herodes auch im KLG-Artikel zu Krausser[18] sowie in Kraussers Tagebuch[19] hervorgehoben wurde, wird sie in Rezensionen zwar häufiger erwähnt[20], in den Mittelpunkt gestellt werden aber weiterhin andere Aspekte, etwa »Hagens Intelligenz und seine daraus resultierende Nichtkompatibilität mit der Gesellschaft«[21], die »plastischen Bilder für eine Generation«[22] oder dass Hagen »so manches in sich (vereinige), was man mit ›Anfang 20‹ cool oder zumindest beeindruckend findet«[23]. Der Stil, der Vulgarismen, Archaismen, Neologismen und Wortspiele verbindet, wird mehrheitlich gelobt[24], teilweise wird dem Buch allerdings auch vorgeworfen, dass »es an einigen Stellen zu verspielt ist und sich damit der Glaubhaftigkeit beraubt«[25], wird »etwas weniger von Kraussers sprachbildernden Exzessen (...) zu Gunsten von mehr Handlung und Erzählung«[26] gewünscht.

»Schweine und Elefanten« wird als »Zeitzeugnis« gelesen, das »die Hoffnungslosigkeit einer Jugend in den 80ern«[27] zeige, »das Lebensgefühl der achtziger Jahre lebendig« werden lasse[28], »alle Elemente des 80er-Bohemiens«[29] enthalte. Wie stark der Eindruck der Realitätsreferenz ist, zeigt die Schlussfolgerung »Living in the Eighties? Ja, so muß es gewesen sein.«[30] Dass von einem »erhöhten autobiographischen Gehalt« ausgegangen wird[31], zeigt sich auch darin, dass die Hauptfigur in einem Internetforum als »Helmut Trinker«[32] bezeichnet wird und es über die 1999 erschienene CD mit Live-Aufnahmen der von 1985 bis 1988 bestehenden Band »Genie und Handwerk«[33], deren Sänger Krausser war, heißt, sie laufe zum im Roman beschriebenen Konzert von Hagens gleichnamiger Band »vollkommen synchron«[34], obwohl im Vergleich zur CD erhebliche Unterschiede in der Anzahl, Reihenfolge und Auswahl der Stücke bestehen.

Kritisiert werden Abweichungen vom vermeintlich unmittelbaren Ausdruck authentischer Erfahrungen, etwa dass die Dialoge »mehr Witz als Milieustudien-Charakter« hätten[35] und dass in Sätzen wie »Viel Herum- und Heruntergedrucktes staute sich da an, das in Raves und Love Parades enden sollte«[36] die Distanz zum Geschilderten deutlich werde.[37] Stilistisch wird also ein Bezug zu den anderen beiden Bänden hergestellt, nicht aber mit Blick auf Hagens spätere Entwicklung zum Babymörder, obwohl in Prequels in der Regel die Vorgeschichte späterer Ereignisse erzählt, Herodes in »Schweine und Elefanten« mehrfach erwähnt und »Fette Welt« in der Anmerkung »Zur Editionsgeschichte« »das krude Psychogramm eines schizophrenen, sympathietragenden Kindermörders«[38] genannt wird.

Alle drei Romane werden in die Tradition der Beatniks gestellt[39]: Krausser erfülle »Allen Ginsbergs Diktum, wonach Kunst und Leben eine Einheit bilden sollten«[40], romantisiere »das Leben ohne Zukunft wie ein Beatnik, der zu spät geboren wurde«[41].

2 Mögliche Erklärungen für die Rezeption

Dass »Könige über dem Ozean« als authentische Darstellung einer Lebensform oder Ausdruck eines Lebensgefühls gelesen wird, könnte erklärt werden mit dem teilweise umgangssprachlichen Stil, den Sexszenen, der zentralen Rolle von Alkohol und der Nähe der Handlung zum Roadmovie[42] – Richard und Hagen fahren mit der Malerin Lidia in einem alten Kadett nach Italien –, mit dem Zitat auf der Umschlagrückseite »Lebt euer Leben schneller, da hinten kommt der Pfarrer!«[43] sowie der Tatsache, dass das Motto des Romans von Lou Reed stammt. Da Bezüge zur Antike sich in eine solche Lesart nicht integrieren lassen, werden sie als störend empfunden.

Bei einer Lektüre, bei der literarische Figuren wie Personen vorgestellt werden, können ihnen gegenüber auch Emotionen empfunden werden. Sympathie für Hagen dürfte auslösen, dass er seinen unheilbar an Krebs erkrankten Freund Richard, der nicht bei kaltem Wetter sterben will, auf eine Reise an einen im Winter warmen Ort begleitet, obwohl ihm davor graut, bis zu dessen Tod bei Richard zu bleiben. Mitgefühl für Hagen dürfte erregen, dass er in der Rahmenhandlung fast sein gesamtes Geld beim Roulette verliert, dass ihn in der Binnenhandlung Lidia für einen älteren Künstler verlässt, dass er und Richard aufgrund der Menge mitgeführter Schmerzmittel auf dem Flughafern von New York verhaftet werden und nach Deutschland zurückfliegen müssen und dass Hagen nach seiner Rückkehr aus Italien in Richards Haus als vermeintlicher Einbrecher verhaftet und erst nach zwei Tagen wieder entlassen wird.

Auch in »Fette Welt« dürfte von der ersten Szene an, in der Hagen durch den Streit mit einem Freund seine »letzte Verbindung zur bürgerlichen Welt«[44] verliert, Mitgefühl für ihn hervorgerufen werden. Hagen und seine Obdachlosen-»Familie«[45] werden aus einem ihnen als Schlafplatz dienenden Rohbau vertrieben, eine übergewichtige Obdachlose zwingt ihn zum passiven Oralverkehr, um von ihm Geld zu erhalten, Yuppies treten ihn in einer Disko zusammen, ein Krimineller schlägt ihn nieder, weil Hagen ihm Geld schuldet, ein Bahnpolizist verhaftet ihn und die 16-jährige Judith, als sie im Abteil eines stehenden Zuges zum ersten Mal miteinander schlafen wollen, und eine Trauergesellschaft lyncht ihn beinahe, nachdem er als Mitarbeiter eines Bestattungsunternehmens den Sarg hat fallenlassen. Auch wird er zu Unrecht als Macho, pädophiler Exhibitionist und möglicher Vergewaltiger verdächtigt. Hinzu kommt die von Misshandlungen geprägte Kindheit und Jugend ›des Jungen‹, als der nur Hagen infrage kommt. Ferner fühlt sich Hagen von Herodes verfolgt, weil dieser den mehrdeutigen Satz »Ich bin dein Mörder«[46] äußert.

Aufgrund der wahrnehmungsleitenden Hypothese[47], Hagen sei sympathisch und werde von Herodes verfolgt, könnte eine Identität mit diesem gar nicht in Erwägung gezogen und könnten Textsignale, die auf die Identität beider hindeuten[48], überlesen werden.[49] Sollte dennoch ein entsprechender Verdacht aufkommen, könnte er kognitive Dissonanz auslösen[50], denn zum einen lässt sich mit der generierten Vorstellung von Hagen kaum vereinbaren, dass er Babys tötet, zum anderen könnte es verstörend wirken, für die Figur eines Babymörders Sympathie aufgebracht, um sein Leben gefürchtet und sich empört zu haben, als er verschiedener Taten verdächtigt wurde, die weitaus weniger extrem sind als seine tatsächlichen Verbrechen. Zur Reduktion der Dissonanz könnte die Identität von Hagen und Herodes ausgeschlossen werden.

Ferner könnten die Milieuschilderungen, das Münchener Lokalkolorit und generationstypische Aspekte von Hagens Verhalten – etwa seine Einschätzung »Wir sind aller Utopien beraubt. Es gibt keine Fragen mehr und jede Menge Antworten«[51] – als interessanter empfunden werden als die Schizophreniehandlung. Diese dürfte auch aufgrund ihres topologischen Charakters[52] als reine Fiktion angesehen werden, die anderen Aspekte dagegen als authentisch, wozu der Klappentext beitragen könnte: »Helmut Krausser, *1964, lebt in München und Berlin. War u.a. Spieler, Nachtwächter, Zeitungswerber, Opernstatist, Popbandsänger, Journalist und Kritiker. (Halb-) freiwilliges Jahr als Berber. (...)«[53] Die Parallelen zwischen Figur und Autor legen nahe, einen autobiografisch geprägten Text zu erwarten[54], und scheinen die Authentizität des geschilderten Milieus zu verbürgen. Hinzu kommt, dass in Kraussers Tagebuch der autobiografische Charakter von Erlebnissen des Jungen[55] und das reale Vorbild eines der Obdachlosen[56] erwähnt werden. Der die Literarizität betonende Stil könnte deshalb als störend empfunden werden, weil er den Eindruck der Authentizität beeinträchtigt.

Für die zu Beginn der 1990er Jahre veröffentlichten Rezensionen könnte zudem die Feuilletondebatte eine Rolle gespielt haben, in der unter anderem Maxim Biller, der den Roman in »Tempo« rezensierte und Krausser 1993 zum Ingeborg-Bachmann-Wettbewerb einlud, eine größere Realitätsnähe der deutschsprachigen Gegenwartsliteratur forderte.[57] In Kombination mit Kraussers Biografie kann »Fette Welt« als Beispiel für erfahrungsbasierte Literatur gelesen werden.[58]

Auch für »Schweine und Elefanten« könnten Parallelen zwischen Autor und Figur eine autobiografische Lektüre nahelegen, insbesondere die Tatsache, dass beide in einer Band namens »Genie und Handwerk« singen. Dazu, dass der Roman in die Tradition der Beat-Literatur gestellt wird, könnte der Titel des ersten Buches von »Schweine und Elefanten« beitragen, der mit dem des berühmten Romans von Jack Kerouac identisch ist: »On the Road«.[59] Und eine Lektüre als »Portrait der Post-Punk-Generation« wird im Klappentext vorgeschlagen.

Nach Bezügen zu kanonischen Texten und traditionellen literarischen Gattungen, wie sie im Folgenden skizziert werden, dürfte bei einer Realitätsreferenzen fokussierenden Lektüre gar nicht erst gesucht werden.

3 Alternative Lesarten

»Könige über dem Ozean« kann als Kontrafaktur zu Thomas Manns »Der Tod in Venedig« gelesen werden. In beiden Texten reist ein Homosexueller mittleren Alters aus München nach Italien und stirbt dort. Auch in einzelnen Szenen lassen sich Parallelen finden, so bereits zu Beginn: Gustav von Aschenbach sieht in der Aussegnungshalle des Münchener Nordfriedhofs »ausgewählte, das jenseitige Leben betreffende Schriftworte, wie etwa: ›Sie gehen ein in die Wohnung Gottes‹ oder: ›Das ewige Licht leuchte ihnen‹«.[60] Hagen geht über den alten südlichen Friedhof und liest auf »allen frischen Grabsteinen«: »EINER WENIGER«.[61] Solche Profanisierungen finden sich vielfach, beispielsweise tritt an die Stelle der sargartigen Gondel mit dem unheimlichen Gondoliere ein Flugzeug, das als »moderner Charon aus Stahl«[62] bezeichnet wird. Doch während in »Der Tod in Venedig« die Handlung der Evokation mythischer Bilder dient, weist in »Könige über dem Ozean« das mythische Bild auf Zustände innerhalb der fiktionalen Welt, wie etwa Hagens Geldmangel, hin: »Wenn die alten Griechen recht hätten und es den Styx wirklich gäbe, ich glaube, ich müßte schwarz den Fluß durchkraulen. Woher soll ich ein Goldstück für den Fährmann nehmen?«[63]

Die Szene, in der Richard ins Meer geht, scheint direkt die Schlussszene von »Der Tod in Venedig« zu konterkarieren: Nicht der bekleidete begehrte Junge schreitet bedächtig ins Meer, sondern der nackte begehrende ältere Mann stürzt sich hinein; statt in der Pose einer antiken Statue zu verharren, führt er Brustschwimmbewegungen aus; sein Winken ist keines, das zum Nachfolgen aufzufordern scheint, sondern ein Abschiedsgruß; und die Welt reagiert nicht mit respektvoller Erschütterung, sondern mit Ignoranz. Die Binnenhandlung endet nicht mit einem apollinischen Bild wie dem Tadzios, sondern mit einer anderthalbmonatigen dionysischen Orgie, als Hagen Richards Retsinavorrat auftrinkt. Mit der Identifikation von Gustav Mahler als ein Vorbild für die Figur Gustav von Aschenbach korrespondiert, dass Richard innerfiktional nach einem anderen für Thomas Mann wichtigen Komponisten benannt ist, der zudem in Venedig gestorben ist: Er gibt an, »Richard zu heißen, weil Wagner seinem Vater so gefallen hätte«[64].

In der Rahmenhandlung antwortet der Barkeeper, dem Hagen die Geschichte erzählt, auf die Frage »Nun, verstehst du das alles?«: »Aber klar. Wozu sind wir denn in die Schule gegangen?«[65] Sieht man darin eine Anspielung auf die schulische Kanonisierung von »Der Tod in Venedig«, so hätte der innerfiktionale Zuhörer die intertextuelle Folie von Hagens Erzählung identifiziert und sie also gar nicht als faktual, sondern als fiktional aufgefasst – als baalschen Selbstentwurf des Schriftstellers Hagen Trinker in Abgrenzung zur dekadenten Künstlerfigur Gustav von Aschenbach und zu dessen Autor. Der Rahmen einer geselligen Erzählsituation ist wiederum selbst ein typisches Gattungsmerkmal der Novelle, sodass sich nicht nur Hagens mündliche Binnenerzählung, in der auch ein Kothaufen aus Kunststoff als Falkenmotiv[66] den Novellencharakter markiert, sondern der gesamte Text als an einem tradierten literarischen Muster orientiert erweist.

In »Fette Welt« sind den Kapiteln Argumenta vorangestellt, die einen »altertümlichen Ritterroman« assoziieren lassen[67], womit korrespondiert, dass Hagen sein Verhalten wie Don Quixote an Rittergeschichten zu orientieren scheint, wenn er »beschließt, nach Ritterart Prüfungen zu erleiden, um letztendlich seine Prinzessin zu gewinnen«[68]. Und das von Knut Hamsun stammende Motto des ersten Buches lenkt die Aufmerksamkeit auf Hagens Selbstverständnis als Dichter: »Welchen Gewinn bringt es uns im Grund, rein praktisch gesprochen, aller Poesie, allen Träumen, aller schönen Mystik, allen Lügen das Leben zu rauben? Was ist die Wahrheit, wissen Sie das? Wir bewegen uns doch nur durch Symbole vorwärts ...«[69] Das Motto des zweiten Buches stammt von Friedrich Nietzsche und lässt sich darauf beziehen, dass Hagen schon als Kind gelernt hat, die von ihm erwarteten Verhaltensweisen vorzuspielen, worin die Ursache seiner späteren Schizophrenie gesehen werden könnte: »Aus der dauernden Übung einer Verstellung entsteht zuletzt Natur (...).«[70] Das Bekenntnis zur Poesie und die Repression durch eine kleinbürgerliche Umwelt sowie der daraus resultierende Wahnsinn stellen Hagen in die Tradition romantischer Künstlerfiguren.

Doch erweist sich diese Deutungsfolie als Teil der Selbstinszenierung Hagens, denn das Motto des letzten Buches ist ihm selbst als dem (innerfiktionalen) Erzähler von »Könige über dem Ozean« zuzuschreiben: »Eine Einzelheit vergaß ich zu erzählen, die mir auf meiner Reise mit Richard und Lidia zu Augen kam.«[71] Nimmt man an, dass er auch der Adressant der anderen Motti ist, scheint er als solcher von der Persönlichkeitsspaltung zu wissen, die er als Ich-Erzähler nicht zu kennen vorgibt. Somit wäre der im Präsens erzählende Hagen nur eine vom Arrangeur Hagen eingenommene Rolle, ebenso wie die nicht personalisierte Erzählinstanz der Kindheitsepisoden, was im vorletzten Kapitel deutlich wird. Inszenierung fände also nicht nur in Hagens innerfiktionalem Verhalten statt, sondern auch im Erzählen. Und so steht grundsätzlich die Glaubwürdigkeit des Erzählten infrage, auch die Persönlichkeitsspaltung könnte als »programmatische Schizophrenie des modernen Poeten«[72], wie Hagen in anderem Kontext formuliert, Teil seiner Selbstinszenierung sein.

»Schweine und Elefanten« ist ein Zitat von Pindar vorangestellt, das eine Heldengeschichte erwarten lässt: »Leierbeherrschende Hymnen – / welchen Gott, welchen Heroen, / welchen Mann werden wir besingen?«[73] Das Verhalten der Figuren erweist sich aber selbst da, wo es als unmittelbar-triebhaft erscheint, als Inszenierung, wie Hagens reiche ältere Liebhaberin Valerie schließlich erkennt: »Wir haben Sex immer nur *gespielt.*«[74] Für Hagen ist die Wirklichkeit manchmal »anders als mit filmischen Exempeln gar nicht zu meistern«[75], und er überlegt, »wie aus der Realität mehr zu machen sei im Sinne einer dramatischen Verfilmung«[76]. Selbst den Brand von Valeries Haus nimmt er als Kino wahr und legt, bevor er ins Freie läuft, Gustav Mahlers zweite Sinfonie als Soundtrack auf. Der Versuch, seine Gefühle für die 16-jährige Silke in einem Liebesbrief auszudrücken, scheitert dagegen; die Entwürfe kann er Valerie überzeugend als Skizzen für einen komischen Briefroman erklären. Als Autor sucht Hagen gar nicht nach einer individuellen Sprache, sondern will »einen großen polyphonen Roman«[77] schreiben, für den er Gesprächsfragmente sammelt.

So wird nicht die Geschichte eines Gottes, Heroen oder Mannes erzählt, sondern die von jemandem, der solche Rollen spielt. Der Babymörder, dem der Name einer tradierten Figur gegeben wird, erscheint somit nur als eine von Hagens Rollen. Dadurch dass auch das Verhalten der anderen Figuren an medial vermittelten Vorbildern orientiert ist, fällt der Gegenpol zur gespaltenen Persönlichkeit, die geschlossene, weg. Das scheinbar Außerordentliche erweist sich als nur besonders spektakuläre Ausprägung des Regelfalls. Diesbezüglich lassen sich Parallelen zwischen den Serienmörderfiguren des Obdachlosen Hagen Trinker und des Yuppies Patrick Bateman in Bret Easton Ellis' »American Psycho« ziehen – auch hinsichtlich des Repräsentativitätsanspruchs für die späten 1980er und frühen 1990er Jahre. Und wie in Ellis' Roman das Thema der Fixierung auf Äußerliches in seitenlangen Kleidungs-, Essens- und Mordbeschreibungen seine formale Entsprechung findet, so wird das der Lüge in der Hagen-Trinker-Trilogie auch auf die Frage nach der Glaubwürdigkeit des Erzählers übertragen, der in »Schweine und Elefanten« mehrere Versionen einer Szene zur Wahl stellt und von einer zweiten Erzählstimme, die man Herodes zuordnen könnte, korrigiert wird.

Aufgrund der Annäherung von Autor und Figur wirft Hagens Spiel mit Rollen die Frage auf, inwieweit auch Kraussers idealtypische *poète maudit*-Biografie Teil einer Inszenierung ist, was Krausser in Interviews selbst nahelegt, wenn er die »Pennerlegenden« zwar bestätigt[78], aber als »eine Art Rimbaudsches Abenteuer«[79], also als an einem literarisch vermittelten Bild orientiert, bezeichnet. Damit wird die Frage nach der Möglichkeit authentischen Verhaltens angesichts der Virulenz medial vermittelter Verhaltensmuster auch für außerfiktionale Aspekte aufgeworfen.

4 Fazit

Die literaturkritische Rezeption der Hagen-Trinker-Trilogie hat vor allem jene Aspekte der Romane hervorgehoben, die in Kombination mit Kraussers Biografie als authentisch aufgefasst werden können. Neben textuellen und paratextuellen Signalen könnte dazu ein Bedürfnis, durch die Lektüre auch belletristischer Texte etwas über die Realität zu erfahren, beigetragen haben. Dabei werden jedoch erzähllogische Aspekte und viele mögliche intertextuelle Bezüge ignoriert, von denen ausgehend sich Lesarten generieren lassen, die eine Einteilung von Kraussers Texten in frühe realitätsbezogene[80] und spätere wie »Thanatos«[81] und »UC«, die intertextuelle Bezüge aufweisen, infrage stellen. Doch sollen die Bezüge zur Beat-Literatur und zur Biografie des Autors nun nicht zugunsten der Herstellung eines Werkzusammenhangs und einer Subsumption der Texte unter Konzepte wie das der Postmoderne ignoriert werden. Erst die Konfrontation von Authentizitätssuggestion, Intertextualität und Erzählkonstruktion entfaltet das Verstörungspotenzial der Trilogie als »Phänomenologie der Lüge, vom praktischen Kommunikationsmittel bis zum artifiziellen Bewußtseinsdesign«[82] und als literarische Umsetzung einer Selbstwahrnehmung und -darstellung vor der Folie medial vermittelter Bilder.

1 Helmut Krausser: »Fette Welt«, Reinbek 2002. — **2** Helmut Krausser: »Könige über dem Ozean«, Reinbek 2003. — **3** Helmut Krausser: »Schweine und Elefanten«, Reinbek 1999. — **4** Monika Jäger: »Vielversprechender Erstling«, in: »Neue Westfälische«, 7.7.1990. — **5** Rezension aus »Lui«, zitiert nach dem Klappentext von Krausser: »Könige über dem Ozean«. — **6** Eberhard Falcke: »Nachwuchs für den Männerroman«, in: »Süddeutsche Zeitung«, 7.12.1989. — **7** Jamal Tuschik: »Wer will schon im Winter sterben«, in: »Auftritt« (1992), H. 2. — **8** toni83: »Ein Muss für Münchner!«, <http://www.amazon.de/Fette-Welt-Helmut-Krausser/dp/customer-reviews/349913344X/>, aufgerufen am 25.2.2008. — **9** Karl Self: »Fettes Buch!«, ebd. — **10** Hubert Winkels: »Fettes München«, in: »Die Zeit« (1992), H. 44. — **11** Claudius Seidl: »Sprache im Härtetest«, in: »Der Spiegel« (1993), H. 10. — **12** Maxim Biller: »Dekadenzen«, in: »Tempo« (1992), H. 6. — **13** Vgl. Michael Langer: »Der Dreck ist die Sage, die Haltung vagant«, in: »die tageszeitung«, 7.5.1992. — **14** Vgl. Ronald Gutberlet: »System muß abgeschaltet werden«, in: »Szene Hamburg« (1992), H. 8. — **15** Vgl. Gerhard Altmann: »Fette Welt und Melodien«, in: »Buchkultur« (1994),

H. 1; dort zitiert auch in »Elle«. — **16** Vgl. Helmut Krausser: »Mai. Tagebuch des Mai 1992. Juni. Tagebuch des Juni 1993«, Reinbek 1995, S. 246. — **17** Lutz Hagestedt: »Der Babykiller Herodes füllt das Sommerloch aus«, in: »Süddeutsche Zeitung«, 7.5.1992. — **18** Vgl. Lutz Hagestedt: »Helmut Krausser«, in: Heinz Ludwig Arnold (Hg.): »Kritisches Lexikon zur deutschsprachigen Gegenwartsliteratur«, München 1978 ff., S. 4. — **19** Vgl. Krausser: »Mai. Juni«, a. a. O., S. 24–26; Krausser: »Schweine und Elefanten«, a. a. O., S. 234. — **20** Vgl. Walter Schübler: »Sex und Tod und Hose voll«, in: »Falter« (1994), H. 24; Julia Kormann: »Liebe, Lust, Sex und Dreck«, in: »Grauzone« (1996), H. 7; Frank Kallensee: »Wenig Kunst, dafür Betroffenheit«, in: »Märkische Allgemeine«, 23.1.1999; Stefan Gmünder: »Auf der Suche nach dem vollkommenen Satz«, in: »Der Standard«, 8.5.1999. — **21** Jörg Fischer: »Zerrissene Existenz«, <http://www.literaturkritik.de/public/rezension.php?rez_id=769&ausgabe=200002>, aufgerufen am 25.2.2008. — **22** smag: »Helmut Krausser: Fette Welt«, in: »Frankfurter Allgemeine Sonntagszeitung«, 17.3.2002. — **23** Stephan Loichinger: »Das Fundbuch«, in »Frankfurter Rundschau«, 12.10.1998. — **24** Vgl. Seidl: »Sprache im Härtetest«, a. a. O.; Fischer: »Zerrissene Existenz«, a. a. O. — **25** Ein Kunde: »wortwitzig und gedankenleicht«, <http://www.amazon.de/Fette-Welt-Helmut-Krausser/dp/customer-reviews/349913344X/>, aufgerufen am 25.2.2008. — **26** Self: »Fettes Buch!«, a. a. O. — **27** Ossiwan: »Erstlingswerk«, <http://www.amazon.de/Schweine-Elefanten-Helmut-Krausser/dp/customer-reviews/349922898X/>, aufgerufen am 25.2.2008. — **28** Werner Fuld: »Elefant, eingenäht in ein Schwein«, in: »Die Welt«, 19.6.1999. — **29** Martin Risak »bookafficionado«: »Guter Vertreter des Genre ›Moderner Bohemien‹«, <http://www.amazon.de/Schweine-Elefanten-Helmut-Krausser/dp/customer-reviews/349922898X/>, aufgerufen am 25.2. 2008. — **30** Ein Kunde: »Living in the eighties«, ebd. — **31** Christian Schuldt: »Riesenschwein mit Elefantenkuh«, in: »Badische Zeitung«, 19.6.1999. — **32** <http://demo.grid-concept.de/neuer-sender/showthread.php?id=400&page=2&fid=20>, aufgerufen am 13.12.2007. — **33** Genie und Handwerk: Bootleg, München 1999. — **34** Kolja Mensing: »Ekstase auf allen Kanälen«, in: »die tageszeitung«, 12.6.1999. — **35** Christian Schuldt: »Backgammon und Bier«, in: »Hamburger Rundschau«, 12.5.1999; ders.: »Riesenschwein mit Elefantenkuh«, a. a. O. — **36** Krausser: »Schweine und Elefanten«, a. a. O., S. 215. — **37** Vgl. Christian Schuldt: »Backgammon und Bier«, a. a. O.; Rainer Moritz: »Ein Helles für dunkle Zeiten«, in: »Neue Zürcher Zeitung«, 22.6.1999; lobend dagegen Stephan Landshuter: »Reise ans Ende der bürgerlichen Welt«, in: »Straubinger Tagblatt«, 21.9.1999; ders.: »Panorama der Post-Punk-Ära«, in: »Passauer Neue Presse«, 5.1.2000. — **38** Krausser: »Schweine und Elefanten«, a. a. O., S. 234. — **39** Vgl. Tuschik: »Wer will schon im Winter sterben«, a. a. O. Stefan Gmünder stellt seinen Artikeln über Krausser neben anderen ein Zitat von Jack Kerouac voran, vgl. Stefan Gmünder: »Ein Hund seiner Zeit«, in: »Volltext« (2004), H. 5; ders.: »Auf der Suche nach dem vollkommenen Satz«, a. a. O. — **40** Manfred Maurer: »Fette Welt«, in: »Volksstimme«, 5.1.1994. — **41** Ossiwan: »Erstlingswerk«, a. a. O. — **42** Von einem »apenninischen Roadmovie« spricht Achim Hölter: »Die immerwährende Oper oder Das ›Land, das südlich unserer Geburt liegt‹. Zu Helmut Kraussers Italien«, in: Anna Comi / Alexandra Pontzen (Hg.): »Italien in Deutschland. Deutschland in Italien. Die deutsch-italienischen Wechselbeziehungen in der Belletristik des 20. Jahrhunderts«, Berlin 1999, S. 159–176, hier S. 165. — **43** Helmut Krausser: »Könige über dem Ozean«, München 1989. — **44** Krausser: »Fette Welt«, a. a. O., S. 9. — **45** Ebd., S. 27, 39. — **46** Ebd., S. 107. — **47** Vgl. Waldemar Lilli und Dieter Frey: »Die Hypothesentheorie der sozialen Wahrnehmung«, in: Dieter Frey / Martin Irle (Hg.): »Theorien der Sozialpsychologie«, Bern u. a. 2001, Bd. 1: »Kognitive Theorien«, S. 49–78. — **48** Die Identität beider wird nahegelegt durch die Kapitelüberschrift »Die Hagenerodes« (Krausser: »Fette Welt«, a. a. O., S. 100) und Herodes' angeblich ungepflegtes Äußeres. Auch wirft Hagen sein Rasiermesser, das Judith als blutig erscheint, in einen See, wonach Herodes' nächste Morde nicht mehr mit einem Rasiermesser begangen werden. Und als sich Hagen in Berlin aufhält, begeht Herodes dort einen Mord. — **49** Vgl. auch Krausser: »Mai. Juni«, a. a. O., S. 24. — **50** Vgl. Dieter Frey und Anne Gaska: »Die Theorie der kognitiven Dissonanz«, in: Frey / Irle (Hg.): »Theorien der Sozialpsychologie«, a. a. O., S. 275–324. — **51** Krausser: »Fette Welt«, a. a. O., S. 90. — **52** Als »pure (…) Kolportage« bezeichnet Claudius Seidl die Plots der Trilogie, Claudius Seidl: »Melodien des Einfalls. Über Helmut Kraussers Arbeit am eigenen Gesamtwerk«, in: Thomas Kraft (Hg.): »aufgerissen. Zur Literatur der 90er«, München/Zürich 2000, S. 177–185, hier S. 180. — **53** Helmut Krausser: »Fette Welt«, Berlin 1992. — **54** Vgl. Seidl: »Melodien des Einfalls«, a. a. O., S. 180. — **55** Vgl. Krausser: »Mai. Juni«, S. 99, 137. — **56** Vgl. ebd., S. 144. — **57** Vgl. dazu Andrea Köhler/Rainer Moritz (Hg.): »Maulhelden und Königskinder. Zur Debatte über die deutschsprachige Gegenwartsliteratur«, Leipzig 1998. — **58** Vgl. Seidl: »Melodien des Einfalls«, a. a. O., S. 180. — **59** Krausser: »Schweine und Elefanten«, a. a. O., S. 5. — **60** Thomas Mann: »Große kommentierte Frankfurter Ausgabe«, hg. von Heinrich Detering u. a., Frankfurt/M. 2004, Bd. 2.1: »Frühe Erzählungen. 1893–1912«, hg. und textkritisch durchgesehen von Terence J. Reed unter Mitarbeit von Malte Hedwig, S. 502. — **61** Krausser: »Könige über dem Ozean«, a. a. O., S. 7. — **62** Ebd., S. 37. — **63** Ebd. — **64** Ebd., S. 87. — **65** Ebd., S. 188. — **66** Vgl. Paul Heyse / Hermann Kurz (Hg.): »Deutscher Novellenschatz«, München 1871, Bd. 1, S. XX. — **67** Gutberlet: »System muß abgeschaltet werden«, a. a. O. — **68** Krausser: »Fette Welt«, 2002, a. a. O., S. 193. — **69** Ebd., S. 7. — **70** Ebd., S. 111. — **71** Ebd., S. 261. — **72** Ebd., S. 102. — **73** Krausser: »Schweine und Elefanten«, a. a. O., S. 4. — **74** Ebd., S. 226, Hervorh. i. Orig. — **75** Ebd., S. 62. — **76** Ebd., S. 221. — **77** Ebd., S. 33. — **78** Peter Michalzik: »Der Dichter mit den vielen Legenden«, in: »Süddeutsche Zeitung«, 26.4.1993. — **79** O. A.: »und jetzt?«, in: »Süddeutsche Zeitung Magazin« (1997), H. 1; Sven Michaelsen und Manfred Klimek: »Ich war kurz vorm Amoklauf«, in: »Stern« (2001), H. 12. — **80** Vgl. etwa Seidl: »Melodien des Einfalls«, a. a. O., S. 180; Volker Weidermann: »Lichtjahre. Eine kurze Geschichte der deutschen Literatur von 1945 bis heute«, Köln 2006, S. 270. — **81** Vgl. Anja Hagen: »Gedächtnisort Romantik. Intertextuelle Verfahren in der Prosa der 80er und 90er Jahre«, Bielefeld 2003, S. 412–441. — **82** Krausser: »Mai. Juni«, a. a. O., S. 56.

Lutz Hagestedt

»Aber wo bin ich?«

Aspekte der Ich-Konstitution und Sprechsituation in Helmut Kraussers Roman »Melodien«

»Flashback in die Zeit, als ich ›Melodien‹ schrieb, als unten die Protagonisten wandelten, und ich mir vorkam, als erschüfe ich die Welt neu. Und es war ja auch so.«[1] Mit seinem Roman habe er »zumindest Kondition« bewiesen, schreibt Helmut Krausser in seinem Tagebuch des Mai 1992: »Es ist klar, dass der Roman ein stilistischer Ausflug ist. Eine tour de force historique. Ich muss zu mir zurück. Aber wo bin ich?«[2]

Bei Erscheinen seines Romans 1993 ist der Autor, Jahrgang 1964, noch keine 30 Jahre alt, und dennoch hat er mit »Melodien« bereits ein episches Experiment von solch atemberaubender Komplexität und Qualität vorgelegt, dass sich die ersten Kritiker spontan an Umberto Eco oder Patrick Süskind erinnert fühlen.

Autor und fingierter Autor, Erzähler oder Erzählter

Wenn im Folgenden kurz einige Aspekte der Sprechsituation erörtert werden sollen, so nicht primär, um die Eckdaten der textinternen Kommunikation zu bestimmen, sondern um ihre Funktion für den Bedeutungsaufbau von »Melodien« zu erörtern. Dabei unterscheide ich die textinterne Sprechsituation von der textexternen Kommunikationssituation, wie sie durch die Relation Autor/Rezipient bestimmt wird. Freilich gibt es auch einen textinternen ›Autor‹, nämlich einen vom Text erzählten Urheber der »Melodien«, der als organisierende Kraft des Romans im Anmerkungsteil eingeführt wird, so als stünde dieser Teil jenseits und außerhalb der fiktionalen Welt, die Krausser erschaffen hat. Dieser vom Text explizit eingeführte ›Autor‹, der sein Material offenbar souverän beherrscht, der über ein umfassendes kulturelles Wissen verfügt und seinen Leser nahezu hemmungslos damit zu beeindrucken gedenkt, steht jedoch keineswegs außerhalb der Fiktion, sondern ist Teil einer raffiniert eingefädelten Phantasmagorie, mit der Krausser seinen Leser zugleich düpiert und fasziniert.

Doch welcher Funke lässt sich aus dem trivial anmutenden Befund schlagen, dass der dargestellte textinterne Repräsentant des textexternen Autors keinesfalls mit diesem identisch ist, sondern als Figur in einem virtuos arrangierten Vexierspiel um reale und fiktionale Existenz gelesen und interpretiert werden muss?

Für den Reiz, die literarische Kommunikation zwischen Autor und Leser zu irritieren, gibt es zahllose Beispiele. Eines der berühmtesten ist sicherlich Laurence Sternes Roman »Tristram Shandy« (1759–1767), der nicht nur zahllose Bewunderer und Nachahmer gefunden, sondern beispielsweise auch die Literaturtheorie, die Soziologie und die transdisziplinäre Semiotik angeregt hat. In der wissenschaftlichen Rezeption finden sich so bedeutende Namen wie Umberto Eco, Niklas Luhmann und Robert K. Merton, und am Beispiel Mertons lässt sich zeigen, dass spezifische Symbiosen, etwa von Literatur, Literaturtheorie und Soziologie, enorm nützlich sein können, um die spezifische Leistung eine Romans wie »Melodien« herauszuschälen. Merton nämlich bezieht sich in seinem »Shandean Postscript« explizit auf Sternes »Tristram Shandy« und dessen virtuosen Witz, wenn er sich in den Fußnoten seines ironisch-satirischen »Leitfadens durch das Labyrinth der Gelehrsamkeit« ein Alter Ego erschafft, dessen Leistung »von großer Dichte« zeuge, »der Pedanterie verpflichtet« sei und ein »äußerst vielgliedriges (mit zahlreichen Parenthesen[3] versehenes) Ergebnis hingebungsvoller Gelehrtenarbeit« darstelle.[4] Dieses Alter Ego gebärdet sich in den Fußnoten als »engagierter Gnomologe«[5] von »erlesener Gründlichkeit«[6] und nimmt mehr und mehr die Züge eines eitlen, bekennerischen Parvenüs an – ganz im Sinne Kraussers (bzw. ›Kraussers‹), der im Anhang seines Romans die eigenen, titanenhaften Gebärden universaler Bildung ironisch ins Absurde treibt und damit seine Leser ebenso geistreich unterhält wie forciert zum Narren hält.[7]

Ähnlich wie Merton führt Krausser mit seinem Roman vor, dass sich die Konventionen und Verfahren der Wissenschaft mit denen der Belletristik ohne Substanzverlust, dafür aber mit erheblichem ästhetischem Mehrwert und Gewinn an Komik kombinieren lassen, denn wie dieser erschafft er sich einen textinternen Repräsentanten seiner selbst im Anhang, der dem Topos des gelehrten Erzählers entspricht, der souverän sein Erzähltableau arrangiert und im Hintergrund die Fäden zieht – einen *poeta doctus* mithin, der vorgibt, die Wahrheit und Existenz der Tropoi beglaubigen zu können und Einfluss auf ihre Überlieferung zu haben: »Das Gespräch wurde in englischer Sprache geführt und ist hier synchronisiert wiedergegeben«[8], heißt es etwa, einer Regieanweisung oder einem Erzählerkommentar nicht unähnlich.[9]

»Melodien« repräsentiert damit den vielleicht selten gewordenen Fall einer ebenso ehrgeizigen wie meisterlichen Textur aus Texten und Referenztexten, die durch eine organisierende Erzählinstanz in das Universum der Rede nach Maßgabe einer Erzählintention eingebettet sind. Aufgabe dieser Instanz ist es, die verschiedenen Einzelsprechsituationen zum Ganzen zu fügen und zwischen Erzählakten erster Ordnung (Figurenerzählungen) und Texten zweiter Ordnung sowie anderer Provenienz (also auch anderer Sprecher und ihrer

Darstellungen) zu vermitteln, und zwar so, dass neben den beiden Erzählsträngen, die hier zu alternieren scheinen und für die sich die Termini »Vergangenheitshandlung« und »Gegenwartshandlung« eingebürgert haben[10], auch der Anhang zu seinem Recht kommt. Die Erzählerkommentare des Anhangs, die sich als wissenschaftliche Handreichung gerieren und – zumindest teilweise – in Gestalt offensichtlich absurder Ausführungen sogleich wieder komisch-selbstironisch diskreditieren, gehören als »Kommentarebene« (explanative Metalepse) ebenso zur Erzählstruktur des Romans wie die Basis- und die Parallelebene oder die Hypotaxen, die sich etwa für das narrative Universum der Gegenwartshandlung beobachten lassen.[11]

Unter Sprechsituation verstehe ich die Ebene der textinternen Erzählsituation, wobei der Terminus bewusst allgemeiner gefasst ist, da in »Melodien« neben der retrospektiven Erzählhaltung auch der performative Dialog (mit durchgängig umkehrbarer Sprecher-Hörer-Relation), der Bericht oder auch die wissenschaftliche Rede vertreten sind.[12] Unter Autor fasse ich den realen, unter ›Autor‹ jedoch ein Konstrukt, das es dem Leser erlaubt, beim Text zu bleiben und auf Spekulationen über den empirischen Autor zu verzichten, wobei es der Text gerade darauf anzulegen scheint, dass sich beide, realer und fiktiver Autor, bis zur Verwechslung annähern, denn anders wäre es nicht zu erklären, dass der reale Autor sein fiktives Alter Ego so versiert mit Daten seiner eigenen biografischen Realität ausgestattet hat. Auch textextern lässt sich dies demonstrieren, denn wie ein Brief jüngeren Datums an die Herausgeber der »Frankfurter Allgemeinen Zeitung« belegt, nimmt der Autor nach wie vor Posen der Präpotenz gegenüber seinem Publikum ein: »Der Satz, ›Nur der Autor hat Wesentliches zu seinem Werk zu sagen‹, war eine ironische Spitze gegenüber meinen Gastgebern, das zeigt sich doch schon in der gewählten Apodiktik. Mein Vortrag war betitelt: ›Dr. Jekyll und Mr. Hyde‹. Darin habe ich mich in sehr selbstironischer Weise als eitel, faul, fehlerhaft, großmäulig und partiell geisteskrank bezeichnet. Um nun wie ein durchgeknallter Angeber zu erscheinen.«[13]

Wenngleich Autor und fingierter Autor nicht identisch sein können, so sind sie doch durch Strukturen der Ähnlichkeit und Differenz aufeinander bezogen. Beispielsweise geht der reale, metatextuelle Autor der Tagebücher ähnlich souverän mit kulturellem Wissen um wie der fiktive ›Autor‹ des »Melodien«-Kommentars, indem er etwa das sechste Buch seines Romans »Renaissance« tauft, obgleich die dargestellte Welt »im Barock (bzw. der Gegenwart) spielt«.[14] Einleuchtende Begründung: »Die Titel der einzelnen Bücher beziehen sich durchweg auf das jeweilige Stadium des Melodienmythos aus der Sicht der Forschung.«[15] Ganz ähnlich ist das Kleidungsverhalten der Romanfigur Castiglio mehrfach codiert – sein »schwarzer Ledermantel« etwa gehört zu den »Anspielungen auf die Signata des Dritten Reiches«[16] – oder wird die historische Namenverwendungskonvention der heutigen angepasst, indem Krausser seine Figuren selbst dann beim vollen Namen nennt, wenn es »zu jener Zeit üblich« war, »den Vor- als Hauptnamen zu benutzen«: »So sprach man nicht von Luther, sondern vom Doctor Martinus. Gab es mehrere in Frage kommende Martini, wurde z. B. ›aus Wittenberg‹ hinzugesetzt.«[17]

Der kleine Wortwitz, der uns bei Martini nicht nur an einen geistlichen Führer, sondern auch an ein geistiges Getränk denken lässt, dürfte dabei bewusst in Kauf genommen worden sein, denn der ›Autor‹, der Verfasser der Anmerkungen, erfreut seine Leser dadurch, dass er seine Kommentierungsfunktion unter das Vorzeichen der Komik stellt: »Der Autor hat auch keine Ahnung, was aus ihnen wurde. Er nimmt an, dass sie irgendwann und irgendwie gestorben sind«, führt er über das »Schicksal« seiner Figuren Bemboni, Carafa und Pietro aus, über deren weiteren Werdegang sich schon sein Gewährsmann Fabrizio Ferri ausgeschwiegen habe.[18]

Tour de force oder *Tour de farce* – Texte fremder und ›fremder‹ Provenienz

Der Anhang der »Melodien« repräsentiert ein durchschaubares Gewebe aus nützlichen und (scheinbar) unnützen Anmerkungen, aus ernst und ironisch gemeinten Stellenkommentaren.[19] Zudem scheinen sich hier Formen der Distanzierung vom Autor-Ich mit Formen emphatischer Selbstfeier zu versöhnen. Da sich diese Ambiguität im Entwerfen alternativer (fingierter) Selbstbilder auch in anderen Texten Kraussers zeigt, vor allem natürlich in den Tagebüchern, die ebenfalls als Literatur gelesen werden müssen[20], fragt es sich, weshalb der Autor (resp. ›Autor‹) in dem eingangs zitierten Passus das Gefühl hat, nach »Melodien« zu sich selbst zurückfinden zu müssen.

Ein Topos abendländischer Poiesis will, dass ein Autor nirgendwo ›eigentlicher‹ und vollkommener mit sich identisch sei als in seiner Autorschaft. Wenn also Helmut Krausser nach seinem bis dato avanciertesten Erzählprojekt zu sich zurückfinden muss, dann repräsentiert der Roman »Melodien« offenbar nicht dasjenige, was er mit seiner Autorschaft eigentlich bezweckt: »Ich bin zunehmend versucht, mich zurückzuziehen von meiner Zeit, im Türmchen zu leben, abgegrenzt gegen alles, das ich verachte. Aber das käme einer Kastration gleich.«[21] Dieser Lesart zufolge darf sich ein Autor nicht in historische Sujets vergraben (und sich auch nicht im Medium des Zukunftsromans ›verlieren‹), sondern ist nur dann ganz präsent und potent (und damit das Gegenteil eines Pasqualini), wenn er sich seiner Gegenwart stellt. Aber der Gefahr, historisch Unfruchtbares zu erzählen, erliegt der Autor ja gar nicht, denn seine *Tour de force historique* ist zugleich eine *Tour de farce actuelle*, die das historische Sujet nachgerade unkonventionell handhabt und ins Komisch-Absurde wendet, sich weniger um exakt datierbare Historizität bemüht als vielmehr um textimmanente Stimmigkeit: »Es blieb kein anderer Weg, als einen Mythos zu erfinden und dessen Entwicklungsgeschichte aufzuzeigen, von der Genese über die Degeneration bis hin zum Grab des Vergessens. Hierbei lotete ich frech die Terra incognita der Historie aus, mischte zu fiktiven Figuren solche, die unbezweifelbar gelebt haben, verknüpfte deren Lebensläufe in meinem Sinn, (...) um die Erzählung der Intention gemäß voran zu treiben.«[22]

In seinem Tagebuch inszeniert sich Krausser als Kenner der Materie, der gewissenhaft seinen Gegenstand erforscht und nach Maßgabe der teils angestrebten, teils unterlaufenen Historizität konzeptualisiert, dabei Lücken im kulturellen Wissen gezielt für die freie Ausgestaltung seines Melodienmythos nutzend. Was hier aber mit Historie und Historizität, mit Wissen und Forschung nur gemeint sein kann, eröffnet wiederum einen Raum der Spekulation insofern, als der Melodienmythos nicht auf wissenschaftlicher Rekonstruktion beruht, sondern auf Fiktion, die sich (auch) authentischer historischer Fakten bedient.

Wo aber liegt dann das Eigentliche, wenn der Typus des (postmodernen) historischen Romans nur einen »Ausflug« repräsentiert? Diese Identitätsproblematik stellt sich auch für den Roman selbst: Er tritt nämlich in Gestalt stilistischer Mimikry auf, der es zwar gelingt, verschiedene Textsorten und Texttypen eigener und fremder Provenienz miteinander zu versöhnen, und zwar so, dass der kundige Leser des Werkes erstens bestimmte Topoi ›seines‹ Autors wiedererkennen und zweitens darüber hinaus eine Entwicklung beobachten zu können meint, in dessen »Stilvielfalt« – Krausser zufolge – »große Gefahr« liege.[23] Doch diese Gefahr besteht nicht, denn der Autor ist auch dort nicht mit sich ›identisch‹, wo er – wie in der Gestalt des Hagen-Herodes in »Fette Welt« – Borderline-Figuren beziehungsweise Schizophrene mit Ich-Spaltung schildert, also in der Gegenwartshandlung der »Melodien«, und er muss sich selbst dann nicht verloren geben, wenn er im Gewande historischen Erzählens eine Mythosophie der Oper intoniert. Denn auch der opernkundige Hagen Trinker gehört zum Anspielungswissen von »Melodien«[24], an einer Stelle wird sogar der Titel des Romans »Fette Welt«[25] paraphrasiert, und im Anmerkungsapparat wird eigens auf ihn verwiesen.[26]

Textreferenzen dienen der Erweiterung des semantischen Raumes: Durch sie wird kulturelles Wissen, etwa in Gestalt von Anspielungswissen, in die Fiktion hineingetragen und für ihre Bedeutungskonstitution erschlossen. Auch stiftet sich ein Autor durch Anspielungen auf Fremdtexte einen eigenen Kanon, und eine Kultur besitzt einen veränderlichen Bildungskanon ebenso wie eine Auslegungstradition, mit der sie sich Literatur erschließt.[27] Kulturübergreifend und zum propositionalen Gehalt beinahe jeder Lektüre dürfte auch die Frage nach dem Autor als jener Instanz zählen, die ›hinter‹ dem Text steht und ›über‹ ihn mit dem Leser kommuniziert, und noch der hartgesottenste Strukturalist, der die »semantische Autonomie« des Textes behauptet, leugnet nicht, dass die Instanz des Autors ebenso wie »Autoraussagen« für die Textanalyse fruchtbar sein können.[28]

Wie Gérard Genette in seinem Buch »Palimpseste. Die Literatur auf zweiter Stufe« demonstriert hat, entsteht Literatur immer auch aus Literatur.[29] Diesbezüglich referiert »Melodien« auf Fremdtexte aller Art und tut dies bisweilen implizit und bisweilen explizit: Die im Anhang gedruckten »Anmerkungen« und die »kleine Nachmusik« (sic!) des Autors (bzw. ›Autors‹) verweisen ebenso wie die Zueignung und die zahlreichen Motti auf zum Teil kulturell hochrangige Texte anderer Provenienz und damit auf einen Kosmos heiliger und profaner Bezüge, die für den Bedeutungsaufbau von »Melodien« wichtig sind. Darüber hinaus wird in Einzelsprechsituationen auf erfundene Fremdtexte referiert, sprich auf Texte ›eigener‹ Provenienz (aus der Perspektive eines Lesers, der sie dem Autor zuordnen muss), wenngleich der Roman mit der Fiktion operiert, sie gehörten zur Klasse authentischer Fremdtexte im Spannungsfeld von Ernst Jüngers »Strahlungen«[30], Erwin Reisners »Vom Ursinn der Geschlechter«[31] oder der »Occulta philosophia«[32] des Agrippa von Nettesheim, auf die sich »Melodien« ebenfalls bezieht.[33]

Zu den erfundenen Fremdtexten zählen die Einleitung zum zweiten Band der »Psychohistorik«, als deren Verfasserin die fiktive Psychoanalytikerin und »Emanze«[34] Nicole Dufrès aufgeführt wird[35], und die typologisch auffällig gestaltete Gesualdo-Skizze, die dem – ebenfalls erfundenen – Musikwissenschaftler Hartmut von Bardeleben zugeschrieben wird.[36] Diese Texte wurden eigens verfasst, um auf sie referieren zu können, oder wurden, soweit sie bereits in Kraussers Werk existierten, integriert und als Anspielungswissen funktionalisiert.[37] Das Spiel mit Fremdtexten ist auf Durchschaubarkeit angelegt und arbeitet mit Mitteln der Komik, etwa wenn für die »Psychohistorik« der Mde. Dufrès der Verlag »Edition Grandgoschier« (Edition Großmaul) angegeben wird.[38] Dieser Umgang mit (echter) Historie, die als Fundus bereitsteht, und (fingierter) Wissenschaft, die erst erfunden werden muss, um dann ironisch ›vorgeführt‹ werden zu können, kann für die Frage, wie der textinterne ›Autor‹ konzeptualisiert ist und welche Ziele sein textexterner Urheber damit verfolgt, einiges abwerfen. Und dies ist offenbar auch nötig, da die Primärrezipienten den Roman offensichtlich nicht ›verstanden‹ haben: »Kein Rezensent bisher ist den Geheimnissen der ›Melodien‹ auch nur nahe gekommen, abgesehen von Borchmeyer, der Ansätze zeigte.«[39]

Ironische Konzeptualisierung von Wissenschaft

Dieter Borchmeyer hat in seiner Besprechung des Romans von den »wuchernden Archaismen und Historismen« gesprochen, die »immer wieder bewußt anachronistisch durchzogen« seien von »umgangssprachlichen Schnoddrigkeiten des Medienzeitalters«: »In seinem virtuosen Verwirrspiel quer durch die Jahrhunderte blendet Krausser die Fiktion so täuschend echt in die Geschichte ein, daß man die Historie bisweilen nicht mehr glaubt und die Fiktion für historisch hält. Die Irritation wird gesteigert durch einen ausführlichen Anmerkungsapparat des Verfassers, der teilweise gewissenhafte Sacherläuterungen und Zitatnachweise bringt, teilweise den Leser durch Mystifikationen an der Nase herumführt.«[40]

Ein früher Hinweis auf den Stellenkommentar des Romans, der das Changieren zwischen Wahrheit und Fiktion und die Darstellung von Wissenschaft im Anhang durch komische Fallhöhe charakterisiert sieht und der Krausser erfreuen muss, denn, so bekennt der Verfasser im »März«-Tagebuch, er habe sich immer gewünscht, einmal als ironischer Autor gelesen zu werden.[41]

Nun dürfte Ironie infolge verbreiteter Ironieresistenz bei der Erstrezeption des Romans eher unentdeckt geblieben sein.[42] Aber auch narratologisch versierte Lektüren, die einer »pluralen Wirklichkeitswahrnehmung« das Wort reden, gehen zwar auf diverse »ordnende Diskurse«[43] des Buches ein, nicht aber auf die Diskursmacht Ironie, die für die »narrativen Kodes« und das »multiperspektivische Erzählverfahren« von entscheidender Bedeutung sind.[44] Die mangelnde Wahrnehmung von Ironie ist dabei der Ausblendung des elaborierten peritextuellen Apparates geschuldet, obwohl dieser in Gestalt fiktiver Vor- und Nachrede sowie (pseudo-)wissenschaftlicher Ausführungen Teil der Authentizitätsfiktion des Romans ist. Die explanativen Stellenkommentare des ›Autors‹ im Anhang, die einen wissenschaftlichen Kommentar zum Haupttext simulieren und auch evaluative Bemerkungen zum erzählten Geschehen enthalten, sind dabei für die Konzeptualisierung der Erzählfiktion ebenso zu berücksichtigen wie die *ex post* erfolgten, metatextuellen Kommentierungen des realen Autors (und des – pardon – ›Autors‹), der die beiden Hauptstränge des Romans ebenso wie dessen Anhang im Medium des Tagebuchs transzendiert.

Insbesondere die unter »Anmerkungen« firmierenden Stellenkommentare sind von eminenter erzählstrategischer Bedeutung insofern, als sie eine Lektüre der »Melodien« als historischen Roman zugleich anbieten und ausschließen. In der Rezeption ist dem jenseits von Borchmeyer dadurch indirekt Respekt gezollt worden, dass man »Melodien« mit Eco (»Der Name der Rose«, »Das Foucaultsche Pendel«) oder Süskind (»Das Parfum«) verglichen hat, nicht aber mit Gustav Freytag und Felix Dahn.[45] Dieses Paradigma postmoderner Erzähler macht deutlich, dass sich Kraussers Buch nur auf solche Geschichtsromane beziehen lässt, die das Modell voraussetzen, aber zugleich transformieren – ähnlich vielleicht wie Miguel de Cervantes Saavedra, der mit seinem »Don Quijote« das Genre des Ritterromans zu transformieren und zu überbieten wusste, indem er sein Epos zwar »historia« nannte, zum tradierten Texttyp aber ein produktives Spannungsverhältnis aufbaute. Krausser realisiert seinen Typus des Geschichtsromans, indem er beides berücksichtigt: das Hohe Epos und dessen burleske Travestie in Gestalt der bereits komisch-parodistisch konturierten Gattungsgeschichte, die hier auf zweiter Stufe für ein ehrgeiziges Ziel erneut ernst genommen wird und dadurch eine angemessene Spannung zurückerhält. Und während sich Cervantes in seinem Prolog rhetorisch in Bescheidenheit übte, einer »vorgetäuschten Bescheidenheit« gleichwohl, wie Harald Weinrich konstatierte[46], übt sich Krausser in vorgetäuschter Unbescheidenheit, indem er mittels eines Anmerkungsapparates seinen Anspruch untermauert, nicht nur der Urheber, sondern auch der einzige legitime Interpret des Romans zu sein – oder doch zumindest denen voraus zu sein, die ihn interpretieren wollen.

Die Darstellung von Wissenschaft im Roman und ihrer Argumentationsweisen läuft schließlich durch Ironisierung (auch) auf deren Diskreditierung hinaus. Das betrifft die ans Absurde grenzenden feministisch-konstruktivistischen Ergüsse der Nicole Dufrès ebenso wie die Quellenstudien Hartmut von Bardelebens oder die höchst spekulative Mythosophie des Privatgelehrten Jan-Hendrik Krantz, dem zudem die akademischen Weihen fehlen. Krantz erwirbt sich Täubners Respekt ausgerechnet mit dem Geständnis, dass seine »Kompetenz« dort ende, »wo irgendwas bewiesen«[47] sei. Wissenschaft erscheint hier als hohes und zugleich unmögliches Ziel – wer von ihr erzählt oder sie betreibt, verliert wie jeder Mythenforscher den Boden unter den Füßen. Das Darstellungsmittel der Ironie hat dabei die Funktion, die Waagschale der Ambiguität in der Schwebe zu halten: Wahrheit und Fiktion, Mythos und Geschichte, poetische und wissenschaftliche Autorschaft werden in ein produktives Konkurrenz- und Anstiftungsverhältnis gebracht, das immer neue Gewichtungen provoziert.

Für die Konzeptualisierung von Wissen, Wissenschaft und auch Wissensdefiziten im Anhang des Romans und in den Diarien muss jedoch noch anderes gelten – denn eine heterodiegetische Erzählinstanz mit Nähe zum Autor kann sich keinen Respekt dadurch erwerben, dass sie mangelnde Kenntnisse besitzt. Wenn sie Informationsdefizite zu erkennen gibt, dann muss dies als (partiell) komische Geste gelesen und interpretiert werden, und diese Lesart scheint unzweideutig darauf hinauszulaufen, dass Wissenschaft Unsinn produziert oder zur interessegeleiteten Tendenzdisziplin mit dem eigentlichen Schauplatz Machtspiel beziehungsweise Geschlechterkampf tendiert. In seinem Tagebuch des Mai 1992 führt Krausser aus, der Begriff »Dilettant« sei »mit der Wissenschaftsautokratie zum Schimpfwort« geworden: »Spezialist – Dilettant: einer der symptomatischsten Antagonismen der Aufklärungsumwertung. (…) Die Vertreibung des Dilettanten aus der Diskussion fördert das Fachidiotentum, die einseitige Bildung, das Verlorengehen der geistigen Gesamtschau. (…) Das Problem war nie der Dilettant, sondern der Scharlatan und Idiot (...).«[48] Krausser plädiert dafür, das »kreative Moment des fachfremden Beitrags« nicht länger zu unterdrücken, »interdisziplinäre Zusammenhänge« nicht weiter zu kappen und dem »Unfug der Bezifferung« ein Ende zu bereiten.[49] Doch als Gegner einer szientistischen »Bezifferung«[50] lässt er seine Protagonisten geradezu in zahlenmagischen Experimenten schwelgen. Auch vergisst er die ständigen Sorgen um den schnöden Mammon nicht, wenn er zusieht, dass Castiglio seine Briefe an den Freund und Förderer Umberto Nursio, die sich allerlei geheimwissenschaftlichen Themen zuwenden, an zumeist unpassender Stelle nutzt, um Nursio anzupumpen.

Kommentarebenen erster und zweiter Ordnung

Wie im Anschluss an Dieter Borchmeyer ausgeführt, muss »Melodien« als Variante des ›gelehrten‹ Romans gelesen werden, zu dessen Poetik die Transtextualität gehört: Als sekundäres modellbildendes System betreibt dieser künstlerische Text »die Abbildung einer Realität auf eine andere«[51] und transzendiert dabei die Genres ›Historischer Roman‹ und ›Wissenschaftsroman‹. Durch Einzug einer (parodistischen) peritextuellen Kommentarebene im Anhang demonstriert er, dass er auch die bereits ironisierten Formen dieser »Literatur auf zweiter Stufe« (Genette) hinter sich zu lassen gedenkt: Er zieht dem fingierten Genre wieder eine durch Wissen grundierte Solidität ein.

Dieser ernste Anspruch des Autors (resp. ›Autors‹) wird durch eine textexterne Kommentarebene transzendiert, die Genette als Metatextualität klassifiziert hat und die hier als Kommentarebene zweiter Ordnung bereits mehrfach anzitiert worden ist. An diesem ernsten Anspruch lässt sich auch dann nicht rütteln, wenn man konstatieren muss, dass bereits die Vergangenheitshandlung des Romans ironisch grundiert ist. Selbst die vormoderne, universalistische Wissenschaft, die sich noch auf die ganze Realität bezieht und ihr »grundsätzliches Erkenntnisinteresse, eine Weltordnung zu finden«[52], deutlich macht, wird in der Vergangenheitshandlung des Romans in Gestalt des Magiers, Scharlatans und skurrilen Reliquiensammlers Johannes Trithemius bloßgestellt.[53] Castiglio hingegen verfolgt zwar die Erforschung der Tropoi mit ernster Leidenschaftlichkeit, doch die Mittel, die er dazu einsetzt, hat er auf unlautere und ironisch akzentuierte Weise erworben, indem er das okkulte Wissen, über das er angeblich verfügt, mit großem Pomp und zu Betrugszwecken einsetzte. Komik resultiert hier aus dem Missverhältnis von Aufwand und Ertrag, das bei dem Vorwand, alchimistische Experimente durchzuführen, deutlich wird – Experimente, die dennoch das gewünschte Ergebnis zeitigen: Castiglio wird mit den nötigen Mitteln für seinen aufwendigen Lebensstil ausgestattet.

Insgesamt, so lässt sich resümieren, ist die dargestellte Welt – und zwar die der Vergangenheits- ebenso wie die der Gegenwartshandlung – von Scharlatanen und Betrügern bevölkert, die sich in ihrem komischen Wahn teilweise selbst für authentisch zu halten scheinen. In der Welt Castiglios ist die offenbar unausrottbare Geschichte des Irrationalismus ebenso präsent wie in der Welt Täubners, denn während die Brille der Nicole Dufrès ausgerechnet durch ihre Wissenschaft getrübt ist, die unter dem Vorzeichen des Feminismus Forschung stipuliert und damit Wirklichkeit verzerrt, wird Castiglio als Zyniker eingeführt, der die Gutgläubigen ausnutzt – auf zum Teil sarkastische Weise. So umschreiben die Feldforschungen, die er betreibt, um das »Melodienwerk« voranzutreiben und die *vox Dei* aus dem menschlichen Subjekt »herauszukitzeln«, nichts anderes als eine »Folterung«.[54]

Auch wenn textintern die Wahrheit der Geschichte und ihres zentralen Phantasmas der Tropoi behauptet wird[55], so erfolgt dies doch nicht durch die Figuren, denen der Text Glaubwürdigkeit attestieren würde. Im Gegenteil ist es Textposition, den Melodienmythos laufend infrage zu stellen und mehr noch: die Realitätswahrnehmung derer, die ihn erzählen, zu irritieren. Dies geschieht zum einen dadurch, dass verschiedene Versionen des Mythos kursieren, die an die Glaubensstärke der Figuren appellieren, aber nicht durch Dokumente belegbar sind; und zum anderen dadurch, dass die erzählten Figuren ebenso wie die Erzählerfiguren (sowie jene, die beides sind) entweder als »Mythomanen« dargestellt werden, als »krankhafte Lügner«, die sich zwar selbst glauben (mögen), denen aber nicht zu trauen ist, oder als geldgierige Betrüger, die den Wahn anderer in klingende Münze umzuwandeln wissen, oder aber als Träumer, die ihrer eigenen Realitätswahrnehmung misstrauen müssen und die vom Text als solche eingeführt werden, deren Blick auf die Welt nicht zu trauen ist, wie das Beispiel Täubners am deutlichsten belegt: Sie bezeichnen sich wechselseitig als »Irre«.[56] Das einzige, was Wahrheit verspricht und von Täubner reichlich konsumiert wird, zeitigt im Abusus ebenfalls Verzerrungen – und bleibt dennoch wahr: »Die Welt war offensichtlich verrückt geworden (…). Er sah sich mehrmals um, als niemand ihm folgte, schlich dann in eine Trattoria und trank einen halben Liter Roten. Denn da ist immer Wahrheit drin.«[57]

1 Helmut Krausser: »November. Tagebuch des November 1998«, München 1999, S. 48. — **2** Helmut Krausser: »Mai. Tagebuch des Mai 1992«, München 1993, S. 98. — **3** Und ausführlichen Fußnoten (so der Wortlaut der von Merton übernommenen Fußnote). — **4** Robert K. Merton: »Auf den Schultern von Riesen. Ein Leitfaden durch das Labyrinth der Gelehrsamkeit«, übersetzt von Reinhard Kaiser, Frankfurt/M. 1983, S. 230. — **5** Ebd., S. 96. —

6 Ebd., S. 90. — **7** Helmut Krausser: »Melodien. Oder Nachträge zum quecksilbernen Zeitalter«, München 1993. Darin die Anmerkungen, S. 841–863, und die Nachbemerkung »Eine kleine Nachmusik« (sic!), S. 864. — **8** Ebd., S. 400. — **9** Oder: »Von nun an sind die meisten fremdsprachigen Dialoge synchronisiert wiedergegeben, ohne dass dies ausdrücklich angemerkt wäre« (S. 858). — **10** Diese Termini waren für eine erste Verständigung über die Sprechsituation des Romans gedacht und wären für den wissenschaftlichen Gebrauch narratologisch neu zu konzeptualisieren. Einen brauchbaren Vorschlag macht bereits Torsten Pätzold in seiner Dissertation: Für die Gegenwartshandlung schlägt er den Terminus »Basisebene« vor, für die Vergangenheitshandlung den Terminus »Parallelebene«. Vgl. Torsten Pätzold: »Textstrukturen und narrative Welten. Narratologische Untersuchungen zur Multiperspektivität am Beispiel von Bodo Kirchhoffs ›Infanta‹ und Helmut Kraussers ›Melodien‹«, Frankfurt/M. 2001, S. 254 f. — **11** Vgl. zur Begrifflichkeit Pätzold: »Textstrukturen«, a. a. O., S. 252–333, der auf die Kommentarebene jedoch nicht eingeht. — **12** Meine Begrifflichkeit geht im Wesentlichen auf die Arbeiten von Gérard Genette, Klaus W. Hempfer, Torsten Pätzold, Michael Titzmann, Harald Weinrich und Marianne Wünsch zurück und findet sich bündig rekonstruiert in Hans Krah: »Einführung in die Literaturwissenschaft/Textanalyse«, Kiel 2006, S. 183–211. — **13** Helmut Krausser: »Kein durchgeknallter Angeber«, in: »Frankfurter Allgemeine Zeitung«, 11.12.2007. — **14** Krausser: »Mai«, a. a. O., S. 43. — **15** Ebd. — **16** Ebd. — **17** Krausser: »Melodien«, a. a. O., S. 848. — **18** Ebd., S. 855. — **19** Vgl. Krausser: »Melodien«, a. a. O., S. 7 (Zueignung), S. 841–863 (Anmerkungen), S. 864 (»Eine kleine Nachmusik«) und diverse Motti (S. 15 und passim). — **20** Vgl. Lutz Hagestedt: »Die Beute des Tages. Aspekte des Komischen und Poetologischen in Helmut Kraussers Diarienzyklus«, in: Oliver Jahraus und Claude D. Conter (Hg.): »Sex – Tod – Genie. Beiträge zum Werk von Helmut Krausser«, Göttingen 2009, S. 77–93. — **21** Krausser: »Mai«, a. a. O., S. 42. — **22** Ebd., S. 50 f. — **23** Ebd., S. 65. — **24** Krausser: »Melodien«, a. a. O., S. 199. — **25** Ebd., S. 249. — **26** Ebd., S. 852. — **27** Vgl. Rüdiger Zymner: »Anspielung und Kanon«, in: Renate von Heydebrand (Hg.): »Kanon Macht Kultur«, Stuttgart 1998, S. 30–46. — **28** Krah: »Einführung«, a. a. O., S. 44–46. — **29** Gérard Genette: »Palimpseste. Die Literatur auf zweiter Stufe«, übersetzt von Wolfram Bayer und Dieter Hornig, Frankfurt/M. 1993. — **30** Krausser: »Melodien«, a. a. O., S. 779. — **31** Ebd., S. 725. — **32** Ebd., S. 67. — **33** Der Kanon wird vom ›Autor‹ teilweise wieder relativiert, etwa in Bezug auf Erwin Reisners Studie »Vom Ursinn der Geschlechter« (Tübingen 1954): Es zu zitieren »bedeutet aber nicht, dass jenes Buch in seiner Gesamtheit zur Lektüre empfohlen sei«. Krausser: »Melodien«, a. a. O., S. 861. — **34** Ebd., S. 313. — **35** Vgl. ebd., S. 590–592. — **36** Vgl. ebd., S. 437–492, 501–527. — **37** Vgl. dazu Krausser: »Mai«, a. a. O., S. 84: »Ließ Mendez am Schluss seiner Ausführungen zu Orpheus auf eins meiner Frühessays verweisen (›Die Ariadnesymbolik in Nietzsches letztem lyrischen Schaffen und die Problematik ihrer biographischen Rezeption‹).« — **38** Krausser: »Melodien«, a. a. O., S. 592. — **39** Helmut Krausser: »Juni. Tagebuch des Juni 1993«, München 1994, S. 10. — **40** Dieter Borchmeyer: »Ein einziger Hexentrank. Helmut Kraussers ›Melodien‹«, in: »Frankfurter Allgemeine Zeitung«, 30.3.1993. — **41** Helmut Krausser: »März. Tagebuch des März 2003«, München 2003, S. 61. Schon in seinem Tagebuch des Mai 1992 hat Krausser die Gefahr ironieresistenter Lektüren thematisiert: »Wenn die Ironie, sowie die Methodik des advocatus diaboli nicht einleuchten, wird man mich am Ende in die rechte Ecke stellen.« Krausser: »Mai«, a. a. O., S. 43. — **42** Und eine Folgerezeption, durch Literaturwissenschaft etwa, steht weitgehend noch aus. Ausnahmen: Christ und Pätzold. — **43** Vgl. Pätzold: »Textstrukturen«, a. a. O., S. 253. — **44** Vgl. ebd., S. 253. Pätzold konstatiert eine »ironische Anspielung« für Bardelebens Gesualdo-Typoskript, ebd., S. 278. — **45** Vgl. ebd., S. 171 f. — **46** Harald Weinrich: »Das Ingenium Don Quijotes. Ein Beitrag zur literarischen Charakterkunde«, Münster 1956, S. 91. — **47** Krausser: »Melodien«, a. a. O., S. 500. — **48** Krausser: »Mai«, a. a. O., S. 48 f. — **49** Ebd. — **50** Ebd. — **51** Jurij M. Lotman: »Die Struktur literarischer Texte«, übersetzt von Rolf-Dietrich Keil, 2. Auflage, München 1981, S. 301. — **52** Pätzold: »Textstrukturen«, a. a. O., 2000, S. 305. — **53** Krausser: »Melodien«, a. a. O., S. 45. — **54** Ebd., S. 206 f. — **55** Ebd., S. 401. — **56** Ebd., S. 401, 549. — **57** Ebd., S. 402.

Sascha Seiler

Chronos und Zerfall

Helmut Kraussers Kurzprosa

1

Schon früh hat Helmut Krausser sich der Gattungen der Kurzgeschichte beziehungsweise der Erzählung und der Short Story angenommen. Kein Wunder, gilt doch gerade die amerikanisch geprägte Short Story gattungsgeschichtlich wie stilistisch der Lyrik am meisten verwandt. Und dass sich junge, aufstrebende Autoren in ihren Jugendjahren, ihrer Sturm-und-Drang-Zeit, gerade in diesen beiden literarischen Genres – der Lyrik und der Short Story – zuhause fühlen, ist kein Geheimnis. Zu früh ist es noch, um den Traum vom großen, epochalen Roman zu erfüllen, zu fragmentarisch und ungeordnet erscheinen die Gedanken und ihre literarische Ausformulierung. Die Lyrik also als ideales Ventil jugendlichen Schöpferdrangs, und die Kurzgeschichte als deren gerne instrumentalisierte Verwandte?

Anders als in den USA ist die Kurzgeschichte in Deutschland heute keine Gattung, mit der ein junger Autor vermehrt Aufmerksamkeit auf sich ziehen kann. Dies liegt vor allem darin begründet, dass die Publikationsmöglichkeiten gering bis nicht existent sind. Der intellektuelle Zeitschriftenmarkt, der in den USA eine große Tradition hat, ist hierzulande recht verwaist. So verwundert es kaum, dass Debütwerke junger Autoren oftmals gleich Debütromane sind; ein zweifelhafter Sprung, der die relative Freiheit lyrischer Formen, und als solche kann die Kurzgeschichte trotz ihrer epischen Formalia durchaus gesehen werden, von vornherein verbietet.

Bei Krausser sah diese Entwicklung anders aus. Glaubt man den Entstehungsangaben, die hinter den einzelnen Kurzgeschichten in seinen Erzählbänden »Spielgeld«, erschienen 1991, und »Die Zerstörung der europäischen Städte«, erschienen 1994, stehen, so fällt gerade bei »Spielgeld« auf, dass die ältesten publizistischen Versuche aus dem Jahr 1982 stammen; sie wurden also verfasst von einem 17- bis 18-Jährigen. Die meisten Texte, die in »Spielgeld« gesammelt wurden, deuten jedoch bereits das breite literarische Spektrum eines Autors an, der sich seit jeher weigert, einem Stil, einem Genre, gar einem bestimmten Themenkomplex zugeordnet zu werden, sich solchem literarischen Schubladendenken gegenüber verschließt und diese Verweigerungshaltung auf nicht unbedeutende Weise auch zum Programm gemacht hat. Nicht umsonst erklärt Krausser zu seinen beiden Erzählbänden: »Eine Sprache ist mir nicht genug. Jeder Erzählband von mir beinhält deshalb zwölf stilverschiedene Texte, mir alle wichtig. Zwölf Apostel der Sprache.«[1]

Der Leser findet in »Spielgeld« Urformen zahlreicher verschiedener krausserscher Topoi wieder, er lokalisiert auch die Anfänge der mythisch gefärbten, kräftigen Prosa, die der Autor mit den Jahren perfektionierte, die jedoch an dieser Stelle noch partiell durchaus als pubertär zu bezeichnende Spuren aufweist. Er stößt auf dokumentarische Prosa, etwa auf die Schacherzählung »Der Eine und der Andere« oder auf »Nuntius und Ananas«, die Nacherzählung der skurrilen militärischen Belagerung des nicaraguanischen Diktators Manuel Noriega, der nach seinem Sturz in die Botschaft des Vatikans geflohen war. Er findet aber auch scheinbar persönliche Erzählungen wie »Nacht im Dorf« oder »Neues vom Norbert«[2], die den Stil des frühen Helmut Krausser, dem Autor der Hagen-Trinker-Trilogie, vorwegnehmen.

Nur drei Jahre nach »Spielgeld« erschien Kraussers zweiter Erzählband, »Die Zerstörung der europäischen Städte«, ein konzeptionell engerer, stilistisch mehr oder weniger einheitlicher Band, der jedoch bis heute die letzte Erzählsammlung des sonst äußerst rege publizierenden Autors bleiben sollte. Bereits die vorletzte Erzählung in »Die Zerstörung der europäischen Städte«, »Durach«, nimmt die Abwendung des Autors von kurzen Prosaformen vorweg. »Durach« könnte gattungstechnisch bereits als Novelle durchgehen, als eine Gattung also, zu der Krausser in den nächsten Jahren, im Gegensatz zur Erzählung, immer wieder zurückkehrt, etwa in der »Schmerznovelle« oder der »Kartongeschichte«.

Zwei dünne Erzählbände als gesamtes Kurzprosa-Werk also – und das bei einem ansonsten angesichts des geringen Alters des Autors mächtigen Werk. Es scheint fast, als betrachte Krausser die Kurzgeschichte lediglich als Nebengenre, als Experimentierfeld für jüngere Autoren, bevor sie sich ihre Hörner abgestoßen haben und endlich zu Größerem übergehen können. Und tatsächlich: Gerade ein teilweise zu einem Anflug von Größenwahn neigender Autor wie Helmut Krausser nimmt sich poetologisch wie ein Gegenentwurf zu einem Schriftsteller wie Jorge Luis Borges aus, jenem Meister der kurzen Form, der nie einen Text geschrieben hat, der die Länge einer kurzen Erzählung oder eines knappen Essays überschritt. Borges sah die Form des Romans als eine unmögliche an, für Krausser scheint sie die einzig mögliche zu sein.

Im Folgenden sollen fünf Erzählungen Kraussers – »Das Heiltum – Ein Epos« und »Der Eine und der Andere« aus »Spielgeld« sowie »Wege des Brennens«, »Elektrische Herzen« und »Durach« aus »Die Zerstörung der europäischen Städte« behandelt werden, die für das breite Spektrum der krausserschen Kurzprosa stehen – vom pubertierenden epistemologischen Kraftakt über das Imitieren klassischer Erzählformen, dem provokanten Stilmix als Textexperiment bis hin zum Versuch einer Novelle, die zwischen Hard-Boiled-Fiction und einer an Borges erinnernden Kabbala-Exegese changiert.

2

»Am Ende der Welt«, heißt es in der letzten Geschichte in »Die Zerstörung der europäischen Städte«, »Kubikminuten«, »wird eine Greisin sitzen.« Ein typischer Anfang für eine Erzählung des jungen Krausser, der das Beschreiten mythischer Landschaften in Verbindung mit einer abstrahierenden Zeitwahrnehmung – der Negation eines linearen Zeitflusses per se – mit der Naivität eines Ich-Erzählers verknüpft, dem die objektive Veränderung seiner gewohnten Umgebung zwar seltsam erscheint, der diese aber, auf der narrativen Ebene, ohne zu protestieren hinnimmt.

Ein gutes Beispiel für die kraussersche Invokation des Epischen, die in seinen späteren Romanen, vor allem in »Thanatos« und »UC«, im Mittelpunkt steht, ist die frühe Erzählung »Das Heiltum«, die bereits den aussagekräftigen Untertitel »Ein Epos« trägt. Der Autor bezeichnet sie in seinem »Tagebuch des Juni 1993« als »eine meiner Lieblingserzählungen«.[3] Der Sinn des von ihm selbst als »Fragment« gekennzeichneten Textes, an dem er zwischen 1987 und 1990 arbeitete[4], bleibt vage. Ein wenig erinnert der Text an T. S. Eliots »The Waste Land«, wenn der Ich-Erzähler von seiner Reise durch eine im Zerfall begriffene Welt berichtet. Die dargestellte Welt wird ausnahmslos durch die Augen des namenlosen Ich-Erzählers gesehen, doch die Insignien dieser Welt ähneln der unsrigen, objektiv wahrnehmbaren. Durch die extreme Subjektivierung der Erzählhaltung aber wird die Wahrnehmung von Welt verzerrt, gerät das Erzählte in einen Strudel mythischer Bezüge, die teilweise rückführbar sind, teilweise aber auch im leeren Raum verhallen. Der Plot bewegt sich indes, wahlweise, nach der Ästhetik der homerschen »Odyssee« oder eines Roadmovie voran, ein erstes klares Indiz für eine stilistische Besonderheit des späteren Krausser, das Mythische mit dem Banalen zu mischen beziehungsweise den Mythos im Alltag zu finden.

Die Bilder muten schon gleich im ersten Absatz der Erzählung surreal oder wie aus einem Drogentraum William Burroughs an: »Ich ging aus meinem Bungalow, weil es dunkel war am Tag. Fette Trüffelschweine erwürgten im Garten das Eichhörnchen mit einer Perlenkette, die Blautanne weinte, und der Himmel bekam einen Bluterguß, rot und lila und viel Goya.«[5]

Bereits in diesen ersten Zeilen steckt die Essenz von Kraussers Prosa: das Alltägliche, aus dem der Ich-Erzähler heraus die Narrative entwickelt (»Ich ging aus meinem Bungalow«). Die surrealen Bilder, die folgen, bedeuten den Einbruch des Mythischen in die wahrgenommene, subjektive Welt; den Kontrast, der im Vergleich der »fetten Trüffelschweine« zum banalen »Bungalow« aufgebaut wird, erhebt der Autor noch in eine wortgewaltig-künstlerische Ebene, wenn er einen Bluterguss im Himmel bezeichnet, der aussehe wie auf den blutgetränkten Gemälden Francisco Goyas. Inmitten des Irrgangs des Ich-Erzählers durch das in seinen Augen desolate ›Waste Land‹

wechseln sich mythisch aufgeladene Bilder, surreal gezeichnete Banalitäten mit Alltagssprache ab: »›Gib mir ein Bier.‹«[6] So stapft der Protagonist durch eine subjektiv wahrgenommene, künstliche Welt, deren Darstellung, die seit jeher ein reines Produkt von Sprache war, konsequenterweise mit dem Zerfall der Sprache selbst endet. Der Ich-Erzähler beschließt, es sei das beste, eine Trommel zu kaufen und einfach nur noch zu trommeln, lautmalerisch dargestellt im letzten Absatz des ja angeblich Fragment gebliebenen Textes mit einem repetitiven, achtzeiligen »Dam dada dam dada dam«, nur unterbrochen von einem kurzen »Tacka tack tack«.

Eine ganz andere Art des Geschichtenerzählens, aber gleichwohl eine Facette des Autors Helmut Krausser offenbart »Der Eine und der Andere«, die in nüchternem, den historischen Fakten gehorchendem Tonfall erzählte Geschichte des Schachweltmeisterschaftskampfes zwischen Emanuel Lasker und Carl Schlechter von 1909. Täuscht der Erzähler im ersten Abschnitt noch seine Sympathie für den vermeintlich als Hauptfigur eingeführten Emanuel Lasker vor, so handelt »Der Eine und der Andere« doch hauptsächlich – wie die Prosa des frühen Krausser, der selbst bekennt, an Autoren wie Charles Bukowski oder Jörg Fauser geschult worden zu sein – vom Underdog, dem schüchternen, zaghaften Carl Schlechter. Dieser verliert im Lauf der Erzählung einen sicheren Sieg, der ihn zum Weltmeister gemacht hätte, weil er diese Auszeichnung nicht mit dem Ruf des stets defensiv spielenden Zerstörers annehmen will. Eine symbolische Geschichte, in der das Schachspiel nicht nur für sich selbst steht, sondern für den Willen zur Selbstbehauptung eines Individuums, das sozusagen in die Öffentlichkeit gezerrt wurde und das an den in den Medien verbreiteten Zuschreibungen zerbricht.

Krausser konzentriert sich auf die Nacherzählung der zehn Partien, und nahezu die gesamte Geschichte spielt sich nur am Schachbrett ab. Die Gedanken der Protagonisten sind reine Spekulation, aber nichts anderes behauptet der Erzähler, der sich immer wieder der historischen Faktizität seiner Geschichte rückversichert, dem Leser jedoch nahelegt, dass die Gedanken der Spieler nur so und nicht anders gewesen sein müssen. So ist »Der Eine und der Andere« ein Balanceakt, da es sich um eine Mischung aus dokumentarischem Schreiben und dem psychologischen Erzählen klassischer Short Stories handelt, welche die Einheit von Raum, Zeit und Handlung implizieren, die hier vom Autor fast durchgängig eingehalten wird. Fast könnte man »Der Eine und der Andere« wie auch die stilistisch verwandte Geschichte »Ananas und Nuntius« für eine literarische Stilübung halten, die im heterogenen Erzählband »Spielgeld« neben den surreal-mythischen und den scheinbar persönlichen Geschichten wie »Neues vom Norbert« oder »Nacht im Dorf« steht. Und betrachtet man just das scheinbar zusammenhanglose Zusammenspiel dieser drei Varianten des Kurzgeschichtenschreibens, so findet sich doch der Romanautor Helmut Krausser bereits in diesen frühen Versuchen, denn gerade Werke wie Kraussers wohl anspruchsvollster Roman »UC« zeichnet die Balance zwischen dem Mythischen und dessen Verwurzelung im Alltag, dem Persönlichen und dem Konstruierten, Narrativen aus.

3

Wie bereits erwähnt, scheint Kraussers zweiter Erzählband, »Die Zerstörung der europäischen Städte«, auf den ersten Blick weitaus homogener als »Spielgeld«, vielleicht weil das Element des Mythischen sich in viele der Erzählungen integriert, ohne diese in jener Absolutheit zu dominieren, wie es in »Das Heiltum« oder verwandten Prosaskizzen wie »Iason« oder »Kreise« der Fall ist. Vielmehr sucht der Autor noch mehr als zuvor die Verbindung von Mythos und Alltag, von scheinbar Persönlichem – hier sei die Eingangserzählung »In der Kuppel« erwähnt, die vordergründig auf Kraussers Zeit als Obdachloser anspielt – und dem Versuch, dem Ganzen eine gut lesbare, narrativ auch spannende Form zu geben. Krausser selbst schrieb in seinen Tagebüchern einmal über seine Romane, er habe immer den Anspruch, diese auf der Oberfläche für ein breites Publikum lesbar zu gestalten, allerdings würden nur diejenigen, die unter dieser Oberfläche graben, auf der Suche nach dem wahren Gehalt fündig werden. Seinerzeit war das eine Reaktion auf die Kritik an der scheinbaren Oberflächlichkeit seines 1997 erschienenen Romans »Der große Bagarozy«, der sehr unter der banalen Verfilmung durch Bernd Eichinger gelitten hat. Doch scheint diese These auch auf die in diesem Band versammelten Erzählungen zuzutreffen, vor allem auf »Wege des Brennens«, »Elektrische Herzen« und »Durach«. Erstere ist eine der erstaunlichsten, formal trickreichsten Erzählungen der deutschen Literatur im 20. Jahrhundert, Zweitere ist quasi eine Vorstudie zu »UC«, fast eine Novelle, in der philosophische und mythische Themen auf die bierselige Schnoddrigkeit der Protagonisten treffen; eine Erzählung zudem, die gerade in diesem Kontext als Hommage an Jörg Fausers »Alles wird gut« gelesen werden kann.

»Wege des Brennens«, so Krausser im »Tagebuch des Juni 1993«, »ist die Geschichte eines Scheiterns, das am kleinen Finger ein erstarrtes Jahrhundert herbeizwingt, eine Geschichte, in der alles allegorisch ist, peinlich, erhaben und lächerlich, eine langsame Verwandlung der Sprache vom elitären Humanismus hin zur verzweifelten Verweigerung, vom Eingeständnis der Niederlage hin zur Gewaltbereitschaft, der alle Werte egal sind. Ja genau: peinlich, erhaben und lächerlich.«[7]

Der Text soll, so der Autor, jeden Satz im Stil einer literarischen Bewegung oder Ästhetik des 20. Jahrhunderts wiedergeben und so die Repräsentation jenes »erstarrten Jahrhunderts« auf stilistischer Ebene künstlerisch veredeln. Ein Kniff, der den meisten Rezensenten und wohl auch den Klagenfurter

Juroren entgangen ist, die Krausser 1993 fast einstimmig für diesen Text, an dem er nach eigener Aussage vier Jahre gearbeitet hat, verrissen haben. Und bereits hier äußert Krausser die Bedenken, die er bei einem solchen Projekt in Zukunft gehäuft haben wird: »Der Knackpunkt wird sein, ob man mir Absichtslosigkeit unterstellt.«[8] Durch das inhaltliche Verhaftetbleiben auf der Oberfläche um einer besseren Zugänglichkeit willen riskiert der Autor, dass das Publikum und vor allem jene oberflächlich lesenden und entsprechend urteilenden Kritiker ihn missverstehen, ihm selbst Oberflächlichkeit unterstellen könnten. Die Komplexität ist sowohl zwischen den Zeilen als auch in der komplexen formalen Gestaltung zu finden.

Dass »Wege des Brennens« zumindest partiell autobiografisch ist, wird nicht zuletzt durch eine nebenbei fallende Bemerkung im Tagebuch des Monats Juni nahegelegt: »(Wir) besuchten das Grab von R. R., dem Protagonisten aus ›Wege des Brennens‹.«[9] Auch die Szene, als C. – leicht als Kraussers Freund, der Rock-Gitarrist El Conde, zu identifizieren – seine Gitarre im Wald verliert und daraufhin, als Profimusiker, die nächsten Jahre nur noch auf geliehenen Gitarren spielt, kennt man aus Kraussers Tagebüchern.

»Wege des Brennens«, »eigentlich ein 20-Seiten Kurzroman«[10], handelt von einem nächtlichen Ausflug Jugendlicher in einen nahe gelegenen Wald und ihrer Imitatio dionysischer Rituale – passend als »Bacchantenfest« betitelt – als nämlich R., um dem Wehrdienst zu entgehen, seine Freunde darum bittet, ihm mit einer Axt einen Finger abzuhacken. Das formale Gestaltungsprinzip führt gerade zu Beginn der Erzählung zu Sätzen, die durchaus als gestelzt und gekünstelt bezeichnet werden können, ist man nicht dazu bereit, sie als Teil eines ästhetischen Ganzen zu sehen. So ist ein Satz wie »Das schlimmst Denkbare schien ihm, nach dem erfolgreichen Hieb vielleicht reuig zu werden im Schmerz, mit dem Finger ins nächste Krankenhaus zu laufen, um ihn sich wieder annähen zu lassen«[11] in einem zeitgenössischen Text stilistisch antiquiert, ebenso wie etwa die kurz zuvor vom Ich-Erzähler getätigte Äußerung: »floß es uns schal ums Herz«[12].

Ist »Wege des Brennens« tatsächlich als chronologische, ästhetische Reise durch die vielfältigen Schreibstile des 20. Jahrhunderts zu deuten, erklärt dies die wachsende Simplizität der Sätze, die allerdings – und hierin besteht der wahre Clou der Erzählung – mit einer zunehmenden ›Modernisierung‹ des Inhalts einhergehen. Ist der erste von vier Teilen noch ganz dem verwegenen Plan R.s sowie der Integration der Opfergabe in eine pubertäre Vorstellung von einem Heraufbeschwören des Mythos durch die zeitweise Ablehnung der modernen Welt gekennzeichnet, so entwickelt sich die Geschichte, in Verbindung mit dem ›Erwachsenwerden‹ des Ich-Erzählers, hin zu einer widerwilligen Affirmation der Moderne, sprachlich, formal und inhaltlich.

Zu Anfang beschreibt der Ich-Erzähler jene Waldrituale noch wie folgt: »Im Waldstück fanden aber ehrliche Kämpfe statt, Delirien voll seltener Farben, hingebungsvolle Gesänge, die nicht gleich aufgeschrieben wurden. Wir hatten jede moderne Transformation des Mythos verachtet, kratzten uns beim Betreten des Tempels mühsam den Pop vom Leib, reanimierten obsolete, im tiefen Rhein versunkene Wortschätze. Wir hatten die englische Sprache gehaßt, rauchten niemals Hasch, einige verweigerten sich sogar – in der ganz harten Phase – elektrisch betriebener Musik.«[13]

Diese hingebungsvolle jugendliche Liebe zum reinen Pathos bezeichnet der Autor später als bewusst »peinlich, erhaben und lächerlich«.[14] Denn selbstredend verändert das Erwachsenwerden und das Leben in der modernen Zivilisation auch die an diesen nächtlichen Ritualen beteiligten Freunde: »Manche gaben ihre Ansprüche Stück für Stück auf, bei anderen schlich sich Routine in die Mechanismen der Selbstentschuldigung.«[15] Als man Jahre später in den Wald fährt, fühlt man sich »des Tempels nicht mehr ganz würdig« und trifft sich daher in einem Waldstück, »wo profane Menschen zwischen den Fichten einen Tisch und zwei Bänke montiert haben«.[16] Der Erzähler ist, ähnlich wie der Erzähler in Kraussers Roman »UC«, an den dieses Beschwören eines Jugendbundes erinnert, »mit der Seuche der Nostalgie befleckt« und lässt sich daher, Jahre später, ein drittes Mal auf den Gang in den Wald ein. Doch nun nimmt man sogar die Freundinnen mit, was in einer Szene gipfelt, in der eine der anwesenden Frauen das über offenem Feuer gebratene Fleisch für ungesund hält und den ewig jungen Bacchanten Barbecue-Soße anbietet.

Wie das Leben der Protagonisten füllt sich auch die Sprache mit Banalitäten, kann der jugendliche Impetus nur noch dank eines unglaublichen Kraftakts heraufbeschworen werden, wobei man letztlich fast unumgänglich scheitert. Doch auch der Leser wird in die Irre geführt. Denkt er auf den ersten Seiten noch, das Ritual des Fingerentfernens habe zu R.s Tod geführt, so klärt ihn der Ich-Erzähler vor der Schilderung des dritten Waldgangs darüber auf, dass R. Jahre später an einem angeborenen Herzfehler gestorben sei und im Wald mitnichten eine mythologische Opferung stattgefunden habe. Denn letztlich geht es in »Wege des Brennens« um den jugendlichen Drang zum Dionysischen und die Unmöglichkeit des Kampfes, sich dieses zu bewahren, wenn die Banalität des Lebens Einzug hält. Folgerichtig heißt es am Ende des Textes, der sämtliche Schreibweisen des 20. Jahrhunderts vereint: »Unser Jahrhundert ist wirklich ein Haufen Scheiße.«[17]

4

»Durach«, wie bereits erwähnt eher eine Novelle denn eine Kurzgeschichte, perfektioniert den Spagat zwischen Alltag und Mythos, die Thematisierung der Präsenz des Mythos in der banalisierten Gegenwart. Vor allem in der überwältigenden Schlusssequenz wird dieser Zusammenprall der Kulturen von Krausser deutlich gezeichnet, als nämlich die Titelfigur in den Augen des Ich-Erzählers seine Transformation vom an den Helden Bukowskis und Fausers orientierten Sonderling hin zum Zeremonienmeister des Mythos durchlebt. Nicht nur symbolisch für den Mythos hinter dem Banalen, sondern auch für die Tiefe unter der literarischen Oberfläche steht hierbei das Haus Durachs. Dieser wohnt, in der Wahrnehmung des Ich-Erzählers, seit Jahren in einem heruntergekommenen Zimmer eines Mietblocks: »Auf dem Kaffee schwammen Fettaugen. Der Parkettboden war übersät von Finger- und Zehennägeln. (...) im Waschbecken auffällige Urinsteinablagerungen.«[18] Doch als nach einer Silvesterparty sich der Erzähler und seine Freunde in Durachs Haus einfinden, führt dieser sie durch ein von ihm geschaffenes Phantasiereich: Jede einzelne Wohnung wurde vom Hausherrn akribisch nach einem Motiv gestaltet, um dessen Versuche, »in die Zwischenzeit zu gelangen«, voranzutreiben. Am Ende der Erzählung verschwindet Durach nach Betreten der letzten Wohnung, der »Zukunft«[19], wahrscheinlich, wie der Erzähler vermutet, tatsächlich in der Zwischenzeit.

Die Erzählung »Durach« kann vieles sein; Krausser selbst äußerte sich in seinem Tagebuch des Juni 1993 dahingehend, dass er behauptete, »das eigentliche Thema der Erzählung (sei), wie durch die Ödnis der Décadence ultrarechtes Gedankengut wieder in Mode kommt, im Schutzgewand der intellektuellen Provokation. Folgerichtig mündet die Party in einer Bücherverbrennung.«[20] Dies ist nur eine mögliche Deutung, auch wenn es sicherlich kein Zufall ist, dass die Erzählung im ersten Neujahrswechsel nach dem Mauerfall spielt und diese zeitgeschichtliche Thematik, für Krausser eher unüblich, recht konsequent in die erzählte Handlung eingebunden wird.

Interessanterweise taucht die Figur des Durach im 2003 erschienenen Roman »UC« kurz wieder auf, als der ebenfalls mit dem Konzept der Zwischenzeit experimentierende Kurthes Durach als Pionier der Forschung zur Zwischenzeit erwähnt, der jedoch vor Jahren spurlos verschwunden sei. So stehen Durachs ›Forschungen‹ in starkem Kontrast zur banalen Wirklichkeit, in der auf oberflächliche Art und Weise ein zeitgeschichtliches Ereignis gefeiert wird, das einem Zeitforscher wie Durach, einem ›außerhalb der Zeit lebenden‹ Menschen verschwindend gering erscheinen muss, da die Unendlichkeit (und konsequenterweise auch der Mythos) viel zu groß sind, um die Banalitäten der Zeitgeschichte überhaupt zu registrieren. Wie schon in »Wege des Brennens« taucht hier die »Geschichte des Scheiterns« auf, die »am kleinen Finger ein erstarrtes Jahrhundert herbeizwingt«. Doch ist es nicht das Scheitern der Protagonisten, sondern das kollektive Scheitern der Gesellschaft, dem Leben mehr als die oberflächliche Banalität abzuringen.

Andererseits ist »Durach« auch eine Verneigung vor Jörg Fauser, dem »besten deutschen Literaten der 70er/80er Jahre«[21], dessen 1979 erschienene Novelle »Alles wird gut« Helmut Krausser nach eigener Aussage sehr inspiriert hat. Durach ist, wie bereits erwähnt, eine fausersche Gestalt, die sich durch ein München bewegt, das deutliche, wenn auch zeitgeschichtlich bedingt modifizierte Spuren des München von »Alles wird gut« trägt – ein München, so Krausser selbst, das ihm seinerzeit gefährlich und verwegen vorgekommen sei, ganz anders als das München, das er gekannt habe. Letztlich ist diese Verbeugung vor Fauser jedoch nichts anderes als ein weiteres Element, das die ›Novelle‹ zu einem der vielschichtigsten Texte im Werk Kraussers macht, und sei es nur aufgrund des Nebeneinanders von erhabener, dem Mythos zugeneigter Sprache und den typischen fauserschen Implikationen gerade im ersten Teil von »Durach«, wenn der Ich-Erzähler und seine Freunde betrunken durch das Münchner Nachtleben ziehen.

5

Bleibt noch, einen kleinen Ausblick auf die mögliche Zukunft der kraussserschen Erzählkunst zu wagen. In letzter Zeit scheint sich der Autor zwar wieder verstärkt kürzeren Formen zu widmen, doch erschienen diese in Form von Novellen, Begleitbänden oder einem, jedoch bislang nur fragmentarischen, kurzen Reisebericht (»Deutschlandreise«, in der »Süddeutschen Zeitung«), nicht aber als Kurzgeschichten oder Short Stories.

Helmut Krausser ist kein Autor, der das Fragmentarische liebt; seine Werke weisen fast durchgängig das Bestreben nach Gänze, nach Vollständigkeit auf. Nicht einmal seinem Tagebuchzyklus hängt der Hauch des Fragmentarischen an, vielmehr ist er auch hier auf der Suche nach dem Gesamtkunstwerk, wie sie auch in der oben erwähnten Bemerkung zu den »Zwölf Aposteln der Sprache« anklingt. Bleibt zu hoffen, dass dieser vielseitige Autor irgendwann die Liebe zur epischen Kurzform wieder entdecken mag.

1 Helmut Krausser: »Mai. Juni. Tagebuch des Mai 1992. Tagebuch des Juni 1993«, Reinbek 1995, S. 200. — **2** Man beachte hierzu als Hinweis die Widmung am Anfang von »Spielgeld«, die einen toten Norbert einschließt. — **3** Krausser: »Mai. Juni«, a. a. O., S. 236. — **4** Helmut Krausser: »Das Heiltum. Ein Epos«, in: ders.: »Spielgeld. Erzählungen und andere Prosa«, München, Leipzig 1994, S. 94. — **5** Ebd., S. 83. — **6** Ebd., S. 84. — **7** Krausser: »Mai. Juni«, a. a. O., S. 255. — **8** Ebd. — **9** Ebd., S. 216. — **10** Ebd., S. 190. — **11** Helmut Krausser: »Wege des Brennens«, in: ders.: »Die Zerstörung der europäischen Städte. Erzählungen«, a. a. O., S. 65. — **12** Ebd. — **13** Ebd., S. 72. — **14** Krausser: »Mai. Juni«, a. a. O., S. 255. — **15** Krausser: »Wege«, a. a. O., S. 76. — **16** Ebd., S. 71. — **17** Ebd., S. 80. — **18** Helmut Krausser: »Durach«, in: ders.: »Die Zerstörung der europäischen Städte. Erzählungen«, a. a. O., S. 115. — **19** Ebd., S. 179. — **20** Krausser: »Mai. Juni«, a. a. O., S. 208. — **21** Ebd., S. 238.

Daniel Kehlmann

»Mein Ich ist ein Projekt«

Helmut Kraussers Tagebücher*

Unter den amerikanischen Autoren der 1920er Jahre war viel davon die Rede, daß man sich nicht an Hollywood verkaufen dürfe. »Selling out to the movies« war eine realistische Möglichkeit für jeden Schriftsteller, der einigen Erfolg gehabt hatte: Faulkner, Fitzgerald und Odetz ergaben sich in Kalifornien dem Alkohol und der vergeblichen Arbeit an Drehbüchern, die nie verfilmt oder von unkünstlerischen Dilettanten umgeschrieben wurden. Jede Begabung schien gefährdet, vom Geld und Glamour des Filmgeschäfts aufgesogen oder verbrannt zu werden.

Dem deutschen Autor unserer Zeit droht diese Gefahr nicht. Hollywood verzichtet großmütig darauf, ihn in Versuchung zu führen. Auf ihn lauert die prosaischere Verführung des Funktionärsdaseins: Von allen Seiten schlägt ihm die Nettigkeit eines Betriebes entgegen, der ihn am liebsten ununterbrochen in Jurys sähe, auf Autorentreffen, bei Lesefestivals und Rundfunkdiskussionen, als Vortragenden in städtischen Bibliotheken. Das Zerstörerische dieses Daseins liegt nicht bloß darin, daß es einen vom Schreibtisch fernhält, sondern, subtiler noch, daß sich ganz von selbst das unter solchen Bedingungen Geschriebene auf einen Ton der ruhigen Vorsicht stimmt, auf ein abgesichertes, vortragssaalkompatibles Niveau, das schon von vornherein weiß, was ihm die Zustimmung des professionellen Publikums eintragen wird, und das darüber hinaus keine Risiken eingeht. »Bei der Lektüre zeitgenössischer deutscher Literatur«, schrieb der ungarische Autor und Kritiker Lásló Földényi, »habe ich oft den Eindruck, als würde von vorneherein, schon bei der Niederschrift der Werke, mit einkalkuliert, daß später öffentlich daraus gelesen werden soll. Und dadurch wird mit ›einprogrammiert‹, daß diese Werke Bestandteile eines riesigen, gut geölten Apparats werden. (...) Das alles führt zu einer fatalen Mittelmäßigkeit.«

Was für den Ausländer Földényi offensichtlich ist, ist für den deutschen Schriftsteller selbst oft schwierig zu erkennen: Zu selbstverständlich scheint, zu normal, die ständige Präsenz von Betrieb und geschäftigem Milieu in seinem Leben, zu lautlos läuft die Maschinerie jenes »gut geölten Apparats«, von dem Földényi schreibt. Wer also wissen möchte, wie man dieser Gefahr entgeht, wie man mutig bleibt, das Scheitern in Kauf nimmt und die wirklich kühnen Ziele nicht aus den Augen verliert, sollte die Tagebücher Helmut Kraussers lesen. Es gibt vielleicht kein besseres Dokument darüber, was es heißt, am Ende des zweiten und zu Beginn des dritten Jahrtausends ein deutscher Schriftsteller zu sein.

»Der Mai begann fürchterlich.« Mit diesem Satz nahm am 1. Mai 1992 das Großunternehmen seinen Anfang. Zwölf Jahre lang wollte Helmut Krausser jeweils einen Monat lang Tagebuch führen: Dem Mai 1992 würde also der Juni 1993 folgen und so fort. Die ersten Reaktionen waren verständnislos. Warum gerade der Mai 1992, fragte ein Rezensent, da sei doch gar nichts passiert, andere zuckten verwirrt die Achseln: Wer beginne denn noch Projekte, die auf ein Dutzend Jahre angelegt seien? In einer literarischen Welt, die Bücher kaum noch anders denn als Tagesereignisse wahrnehmen konnte, mußte Kraussers Absicht sehr fremdartig erscheinen – und vor allem wie etwas, das verurteilt sein würde, Fragment zu bleiben.

Mit dem April 2004 kam das Unternehmen zum Abschluß. Die Wette war gewonnen: Krausser lebte noch und war wohlauf (er ist es immer noch), weder der Verlag noch das Publikum noch er selbst hatten unterwegs das Interesse verloren – trotz des schlechten Zeichens am Anfang.

»Der Mai begann fürchterlich.« Eine Amsel fliegt gegen Kraussers frisch geputzte Fensterscheibe und verendet, fürwahr ein übles Omen, qualvoll. Der Besitzer des Unglücksfensters hat gerade den Obdachlosenroman »Fette Welt« veröffentlicht und ist in der Schlußphase des historischen Epos »Melodien«. Der Ton seiner täglichen Notate, noch deutlich geschult an den Vorbildern Ernst Jünger und Bertolt Brecht, ist geprägt vom klaren Selbstbewußtsein eines Autors, der weiß, daß er gerade ein wichtiges Buch beendet. Ein Jahr später ist »Melodien« erschienen und ist einerseits sehr erfolgreich, andererseits weit weniger, als es diesem Roman gebührt hätte: Noch reagiert der deutsche Journalismus auf prononciert narrative Texte, die große Geschichten und weite Erzählbögen entwerfen, erschrocken und mit Verdruß – und es ist nicht zuletzt Kraussers Verdienst, daß sich das inzwischen geändert hat. Krausser fährt als Favorit nach Klagenfurt, erlebt das Konkurrenzklima unter den Autoren, die Machtspiele der Jury, die Aufdringlichkeit der Journalisten, die Übermacht des Geredes über die Kunst und verliert sowohl den Wettbewerb als auch seine letzten Illusionen.

Nichts Besseres hätte ihm passieren können. Im nun entstandenen Spannungsfeld zwischen Rückzug und Anteilnahme reichen Kraussers Tagebücher an die größten der Gattung heran. Wie jene von Pepys und den Goncourts leisten sie zweierlei: Sie legen Zeugnis ab über Gesellschaft und Politik eines Zeitalters, zugleich formen sie ein trotz aller Stilisierung kompromißloses Selbstporträt. Nach dem Klagenfurt-Auftritt verweigert sich Krausser konsequent dem Fernsehen und gibt kaum noch Interviews. Mögen die Medien einen Autor heute auch dazu drängen, ein verkitschtes und verfälschtes Bild seiner Person neben das eigene Werk zu stellen, so dreht Krausser den Spieß um: Er macht die Herausstellung seines Ichs, seiner Wünsche und

Traurigkeiten, seiner Eitelkeit, seines Größenwahns, seiner Augenblicke der Inspiration und Lethargie zum zentralen Teil des literarischen Werks. Er widersteht der so menschlichen Versuchung, sich selbst wohlgefällig und nett darzustellen – ein Akt der künstlerischen Wahrhaftigkeit und der menschlichen Courage.

Größenwahn? Ein Vorwurf, den Krausser sich immer wieder anhören mußte. Nein, er macht sich nicht kleiner, als er zu sein meint; er verweigert die vom Literaturbetrieb verordneten Bescheidenheitsgesten. Wen das stört, der hat nicht verstanden, daß ein solches Tagebuchunternehmen ohne Ehrlichkeit nicht funktioniert – nicht jener journalistischen Ehrlichkeit, die jedes Ereignis wiedergibt und kein Detail verschweigt, sondern der literarischen, die es sich versagt, das eigene Selbstbild ins höflich Nette zu verfälschen: Kein Schriftsteller hält die eigene Arbeit für durchschnittlich; wer es dennoch behauptet, lügt; und Krausser lügt nicht. Der Leser wird Zeuge seiner Ausfälle ebenso wie seiner Selbstzweifel, seiner Freude über Erfolge wie auch seines Ärgers etwa über eine Theaterwelt, die sich zu großen Teilen hartnäckig weigert, den Autor eines der meistgespielten deutschen Stücke der letzten dreißig Jahre (»Lederfresse« bringt es mittlerweile auf fast 300 Inszenierungen weltweit) auch auf deutschen Subventionsbühnen aufzuführen, sowie über eine Lyrikszene, die aus reiner Notwehr die Gedichtbände »Strom« und »Plasma« so vollständig ignoriert, als wären sie nie publiziert worden – zu groß ist Kraussers Format, gerade als Lyriker, zu eindeutig überragt er so manchen vielgelobten Gedichtpreisträger; da sind auch Verrisse kaum mehr möglich, da hilft nur das Verschweigen. Krausser tut nicht so, als machte ihn das nicht wütend, er gibt nicht vor, über den Dingen zu stehen.

Denn er hat früh verstanden, daß auch Abgrenzung eine Form der Neurose werden, daß das schläfrige Einsiedlerleben eine für die Wahrnehmung der Welt nicht geringere Gefahr als das Funktionärstum sein kann. Man muß doch ins Kino, ins Theater und in die Oper gehen, man muß neue Bücher lesen, man muß Menschen treffen – daran läßt Krausser nie einen Zweifel, und dazu treibt ihn auch seine fast schon universale Neugier.

Krausser nimmt so ziemlich jeden anlaufenden Kinofilm zur Kenntnis, er wartet gespannt auf literarische Neuerscheinungen, Erkenntnisse zur antiken Numismatik sind ihm ebenso wichtig wie die jeweils nächste PC-Version von »Half Life«, und die Tagebücher dokumentieren sein fortlaufendes Gespräch mit Freunden und Kollegen – darunter ab dem 22. März 2003 dem Autor dieses Textes, der danach erleben durfte, wie aus gegenseitiger Wertschätzung eine Freundschaft entstand, die zu den befruchtendsten und erfreulichsten Ereignissen seines Lebens gehört.

Seite für Seite sind die Tagebücher durchzogen von einer Offenheit und Begeisterungsfähigkeit, die von keiner Enttäuschung und keiner Künstleregozentrik abgestumpft werden können: Der erste Besuch von »Lost Highway« stachelt Krausser zu hymnischer Prosa an, seine Freude über Bücher von Thomas Hettche oder Jonathan Franzen ist schlechthin entwaffnend. Daß Theaterkritiker überhaupt nichts verstünden, überlegt er am 1. Oktober 1997, rühre vielleicht daher, daß sie in Theatern hockten, während anständige Leute fernsähen. Das ist mehr als ein guter Witz: Krausser, Experte für das antike Rom und Autor des besten Romans über Renaissancemagie, fühlt sich keineswegs erhaben über die populäre Kultur; er weiß, daß eine innovative Serie wie »Babylon 5« vielem vom Kulturbetrieb Hochgehaltenen überlegen ist und Gewichtigeres über unsere Welt aussagt als die meisten Berliner Spielpläne.

Das Tagebuch an sich ist eine monologische Gattung. Mit einem Kunstgriff, der weit mehr ist als das, weiß Krausser diese Einschränkung zu umgehen: Seine Frau Beatrice wird zum ständigen Gesprächspartner, zum Gegenpart, zu einer zweiten Stimme, deren Witz und Widerspruchsgeist nie aufhören zu erfreuen. Er verlasse sie jetzt, sagt ihr Krausser einmal im Scherz, worauf Beatrice antwortet: »Ich komm mit. Verlassen wir mich gemeinsam.« Von solchen Sätzen kann man schwer genug bekommen, und bald schon ist man süchtig nach Beatrice's vom Pathos des Autors stets so unbeeindruckten Kommentaren. Natürlich aber ist es eben dieser Autor selbst, der ihre Kommentare eingebaut, durch sein Arrangement zu Literatur geformt und mit ihnen sein eigenes Pathos gebrochen hat. So sind die Tagebücher auch, formal wie inhaltlich, das Hohelied auf eine gerade in ihrer Offenheit symbiotische Zweierbeziehung.

Zunehmend weicht mit den Jahren die Aggression und macht in Stil und Tonfall einer humorvollen Gelassenheit Platz. Kraussers vielleicht vollkommenster Tagebuchmonat ist der November 1998. Hier trifft alles zusammen: Der von ihm bewunderte Film »Lola rennt« hat Italienpremiere, das Ehepaar spaziert durch Rom, wieder einmal erweist sich Krausser als Virtuose der Absage (»Da haben aber etliche zugesagt, die sind mindestens so berühmt wie du!« – »Na also, dann brauchst du mich gar nicht«) und hängt Überlegungen zur Natur der Zeit nach, die später in den Roman »UC« einfließen werden: »Es gibt allerdings die Möglichkeit, zumindest deren Anhänger, daß sich die Zeit im Universum wie eine schöpferische Initialzündung, wie eine bewässernde Flutwelle fortbewegt. Daß also zwar alles, was jemals war, immer noch ist, aber nichts darüber hinaus. Daß es – jetzt – neben Gegenwart und Vergangenheit keine Zukunft gibt, weil ja noch keine Wesen, die sie nötig haben.«

Philosophie und Fernsehen also, Antike und Kino, dazwischen immer wieder die Frage, wer Helmut Krausser eigentlich ist: »Ich bin ungerecht, jähzornig, eitel, unduldsam, selbstbezogen, arrogant, nachtragend, vorlaut, sicherheitsbedürftig, besserwisserisch, zu wenig hilfsbereit, intolerant und leicht verletzbar – und unternehme nichts dagegen, weil es sich um Eigenschaften handelt, die allesamt der Kunst förderlich sind. Mein Ich ist ein Projekt, kein Mensch.« Ein Projekt, dessen Facetten die Tagebücher zu einem vielfältigen, multiperspektivischen Porträt arrangieren.

Man ist selbst überrascht davon, wie traurig es einen stimmt, wenn all dies im April 2004 schließlich zu Ende geht; fast möchte man den Autor anflehen, weiter an diesen Tagebüchern zu schreiben, und dabei weiß man doch, daß die Abgeschlossenheit, der klare Anfang und das deutliche Ende – »fertig« ist das letzte Wort –, von Anfang an unabtrennbar zu diesem Projekt gehört haben. »Manchmal fragen mich gutmeinende Menschen, ob mir denn nicht bewußt sei, daß dieser oder jener selbstbeweihräuchernde Text aus den Tagebüchern zu Spott und Häme geradezu einlade. Wer so etwas fragt, hat nichts verstanden. Natürlich ist mir bewußt, wie ich bescheidener und sympathischer wirken könnte. Aber die Sache ist doch so: Spott und Häme gehen mich bald nichts mehr an, spätestens wenn ich tot bin. Ein Tagebuchautor darf sich nicht um so was kümmern, er muß sich nur fragen: *Ist das, was da steht, wahr?*«

Ja, das ist es; es ist gleichermaßen die Wahrheit eines Menschen und seiner Zeit, deshalb werden diese Diarien auch gelesen werden, solange Menschen sich für deutsche Literatur interessieren. Lohnend wäre es allerdings zu wissen, wie man sie später kommentieren wird. Aus heutiger Sicht mag es aussehen, als lebten wir damals in den Jahren der hochgelobten Achtzigseitendebüts, der feuilletonistischen Müdigkeit, des Jelinek-Nobelpreises und der subventionierten Theaterlangeweile. In der ferneren Rückschau aber könnte es sich erweisen, daß es vielmehr die Zeit von »Melodien«, »Thanatos« und »UC« gewesen sein wird, die Zeit von »Haltestelle. Geister«. »Eros« und eines hochreflektierten, in zwölf Bänden festgehaltenen Künstlerlebens. Mit anderen Worten, die Zeit Helmut Kraussers.

* Bei diesem Text handelt es sich um die überarbeitete und erweiterte Fassung eines Aufsatzes, der am 30. Januar 2005 in der Frankfurter Allgemeinen Sonntagszeitung und dann in meinem Buch »Wo ist Carlos Montúfar?« (Hamburg 2005) erschien.

Christoph Jürgensen

Mit dem großen Bagarozy im Schnelldurchlauf durch den Krausser-Kosmos

1

Kaum ein Text über Helmut Krausser kommt ohne den Hinweis aus, dass er weder große Themen noch großspurige bis größenwahnsinnige Gesten scheue und sich seine Texte folgerichtig allesamt um elementare Konstrukte wie Liebe, Mythos, Tod und Wahnsinn drehten. Aber auch wenn dieses Urteil durchaus der Selbsteinschätzung Kraussers entspricht – denn schließlich komme »erst der Größenwahn und dann die Größe«[1] –, so hat er doch zugleich immer wieder auf die Differenzen zwischen seinen Werken hingewiesen und sich vehement gegen marktübliche Etiketten gewandt: »Ich will vor allem, dass sich jedes meiner Bücher von allen vorherigen völlig unterscheidet. ›Ein typischer Krausser‹ – ein Diktum, das ich hasse.«[2] Was auf den ersten Blick paradox erscheint, erweist sich jedoch bei näherem Hinsehen als das Zusammenspiel zweier Erzählprinzipien: und zwar des Prinzips der Stil- beziehungsweise Genrevariation und des Prinzips der thematischen Kontinuität.

Besonders anschaulich zeigte sich dieses Charakteristikum seines Schreibprogramms, als Krausser auf »Eros«, sein breit angelegtes, von der NS-Zeit bis in die unmittelbare Gegenwart reichendes Panorama der deutschen Geschichte, die »Kartongeschichte« folgen ließ – ein zwar mit der Gattungsbezeichnung ›Roman‹ überschriebenes, aber eher novellistisch knapp anmutendes Prosastück.

Zentral für die Weise, in der sich die »Kartongeschichte« von ihrem Vorgänger distanziert, ist also weniger, was in ihr erzählt wird, als vielmehr, wie es dem Leser präsentiert wird: Denn die groteske Geschichte von Augusta, wegen ihrer Magerkeit ›Eri‹ genannt (eine Abkürzung von Eritrea), und dem titelgebenden Karton wird, wie der Klappentext flott formuliert, im »Fastforward-Modus« erzählt. Dementsprechend erfährt der Leser zwar immerhin von der ›unerhörten Begebenheit‹, die im Mittelpunkt des Textes steht: nämlich davon, dass Eri in einer noblen Penthouse-Wohnung leben kann, obwohl sie nur als Putzhilfe in einem Pornokino arbeitet, weil sie ihren lange toten und mittlerweile mumifizierten Vater im Nebenzimmer aufgebahrt hat, um weiter seine Rente zu kassieren. Und der Leser erfährt, wie ihre neue Freundin, die »Silberfrau« Liz, zu ihr zieht und Eri überzeugt, den Vater zu begraben, woraufhin sie die Leiche in einen Karton stecken und sich in Begleitung des drogenabhängigen Angelo und des schwulen Schwarzafrikaners Jonas auf den Weg ans Meer machen, um die Beisetzung unbemerkt, aber angemessen feierlich zu inszenieren – eine burleske Mixtur aus Road-Movie und Hitchcocks »Immer Ärger mit Harry«.

Anderes aber wird dem Leser vorenthalten oder nur skizzenhaft mitgeteilt, weil der Erzähler ungeduldig ist oder schlicht keine Lust hat, zu erzählen. Äußerst knapp etwa sind eingangs die Angaben über die Kindheit Eris, »das alles ließe sich liebevoller erzählen«[3], wie der Erzähler zugibt, und danach geht es gleich per »Schnellvorlauf ins Präsens«[4]. Später wird sogar auf ein »Deleated Chapter« hingewiesen: »An dieser Stelle wurde ein Kapitel getilgt, um der Geschichte mehr Drive zu verleihen«, denn wegen »Dingen, bei denen man dabeigewesen sein muß, um ihnen etwas abzugewinnen (...), sollen keine Bäume sterben«.[5] Seinen Höhepunkt findet dieses metafiktionale Spiel schließlich mit der Behauptung des Erzählers, eine lesbische Liebesszene sei vom Lektor herausgekürzt worden: »Die erotische Passage (...) war eigentlich nicht schlecht, ziemlich drastisch und dennoch – in Maßen – poetisch. Der Verlagsvolontär habe nach Abschluß des Lektorats die Seite aus dem Abfalleimer gefischt. Erzählt die Putzfrau. Kopien davon sollen im Internet kursieren. Wie auch immer.«[6]

Offenkundig ironisiert Krausser hier sein Image eines ›Macho-Schriftstellers‹ mit Hang zu sexistischen Plots, und überhaupt liest sich, wie die Handlungsskizze andeutet, die »Kartongeschichte« in ihrer lässigen Lakonie insgesamt als selbstironischer Gegenentwurf zum ambitionierten Großroman »Eros«. Bei aller narrativen Eigentümlichkeit ist auch die »Kartongeschichte« daher zwangsläufig eine Variation über ›seine‹ Themen, über Tod und Liebe vor allem, und der Wahnsinn ist bei Eri wohl auch nicht fern – allenfalls der Mythos scheint zu fehlen. Doch mündet die Geschichte zumindest in ein Szenario, das sich im Sinne der Textkonstruktion als ironische Brechung mythischen Sprechens verstehen lässt: Am Ende parallelisiert der Erzähler nämlich seine Geschichte mit der Naturgeschichte, dem Kreislauf der Elemente, und folgert daraus dann noch schnell eine Poetologie: »Ein Buch, das nicht lügt, muß dem Leben gleichen. Irgendwann, oft ganz plötzlich, ist Schluß, der Vorhang fällt mitten auf den Gabentisch – besser, man gewöhnt sich beizeiten daran. So. Jetzt Feierabend.«[7]

2

Am Gegensatzpaar »Eros« – »Kartongeschichte« lässt sich folglich erkennen, dass Kraussers Werke weniger eine konsequente Entwicklungslinie bilden, als vielmehr mit jeweils leicht geändertem Akzent um ein gleich bleibendes

Themenfeld kreisen – und dementsprechend jeder seiner Texte eben doch ein ›typischer Krausser‹ ist, selbst oder gerade ein Roman im ›Fast-forward-Modus‹. Allerdings kann dieses ›Typische‹ noch genauer herauspräpariert werden, als dies am Objekt »Kartongeschichte« möglich ist, und zwar an dessen ›Vorgänger‹. Schon einmal hängte Krausser nämlich an ein ›schweres‹ Buch ein ›leichtes‹ an. Nachdem er mit »Thanatos« im Jahr 1996 endgültig ›zum deutschen Umberto Eco‹, zum Verfasser dickleibiger postmoderner Metaromane avanciert zu sein schien – zumindest positionierte ihn das Feuilleton dort –, überraschte er im folgenden Jahr mit dem Roman »Der große Bagarozy«, den er einer Eintragung im September-Tagebuch zufolge als »ein schnelles Buch für einen Nachmittag«[8] geplant hatte. Nach den ersten Leserreaktionen vermerkte er allerdings unzufrieden: »Die meisten Leser verschlingen es aufgrund seiner Leichtigkeit, das geht auf Kosten der Poesie, der vielen versteckten Zeichen und untergründigen Netzwege. Das Buch fordert für den echten Genuß langsames Lesen, wie bei einer Gedichtsammlung. Aber die Leute ziehen es sich rein wie Pizza am Strand.«[9] Und mehr noch: In diesem Zusammenhang hat Krausser dem »Großen Bagarozy« trotz seiner vorgeblichen Leichtigkeit sogar die zentrale Stellung innerhalb seines Werks zugesprochen: »Bagarozy ist tatsächlich so etwas wie ein Schlüsselwerk geworden, besser gesagt: Gelenkstück. Nicht nur Destillat aus den Themenbereichen der beiden Brocken, ›Melodien‹ (Genealogie des Mythos) und ›Thanatos‹ (Wechselspiel von Schuld und Lüge), sondern auch Vorstudie zum Thema von ›Eros‹ (über die Illusion der Selbstbestimmbarkeit des Lebens).«[10]

Und tatsächlich erschwert die Fülle der Themen und Motive, die das Buch behandelt, die Suche nach seinem Kern, wie sich an der Bandbreite der Einordnungsversuche seitens der irritierten Literaturkritik deutlich manifestierte. Ist die ›Botschaft‹ des Romans also »Kunst sticht schnöde Wissenschaft im Dienste des Realitätsprinzips«, wie ein Kritiker abschätzig urteilte, präsentiert sich dem Publikum ein »leichthändiges Spiel mit alten und neuen Mythen« oder vor allem eine Biografie der Callas, in der die fiktionalen Elemente unnötiges Beiwerk sind? Oder einfach nur ein »postmoderner Wirrwarr«[11], wie gelegentlich geurteilt und dabei eine ironische Selbstcharakterisierung des Romans gegen ihn gewendet wurde? Zur Beantwortung dieser Fragen ist es zunächst notwendig, den Plot des Buches zu skizzieren.

3

Motor der Handlung ist das Verhältnis zweier Figuren zueinander, die jeweils in einer – jedoch völlig unterschiedlichen – Krise stecken: Die Psychiaterin Cora Dulz hat gerade den Selbstmord von zwei Patienten zu verkraften und führt ansonsten ein vollkommen ereignisloses Eheleben. Ihr Sexualleben beschränkt sich auf die Momente, »da ein Hormonhoch des Gatten auf eigene Lust traf, Konstellation von erlesener Seltenheit« (S. 35), und ihre einzige »Passion war, das Haus mit geschmackvollem Mobiliar auszustatten. Seit einigen Monaten gab es nichts mehr zu verbessern, jedes Zimmer hatte seine Idealbesetzung gefunden. Hielt sie dennoch, beinahe verzweifelt, nach letzten Mängeln Ausschau, kreisten ihre Gedanken unwillkürlich um den Gatten.« (S. 16) Ist ihre Hölle demnach der Andere, und zeichnet sich Cora Dulz lediglich dadurch aus, keine Obsession zu haben, so wird ihr neuer Patient hingegen von einer ausgesprochen starken und ungewöhnlichen Obsession beherrscht.

Stanislaus Nagy, der im leicht angestaubten Armanianzug und ungebügelten Hemd mit Schweißrand vor ihr sitzt, hatte eine Erscheinung. Maria Callas sei ihm erschienen, erstmals an seinem zwanzigsten Geburtstag und nun, zehn Jahre später, in denen er zum glühenden Verehrer geworden sei, erneut. »Sie war *da*. Stieg aus der Finsternis und stand vor mir, keine zehn Schritte entfernt, in einem weißen Kleid, unvorstellbar weiß.« (S. 10) Zunächst ist Cora an dieser Obsession so wenig interessiert wie an allen Geschichten, die ihre »Mängelexemplare« (S. 40) zu erzählen haben, aber bald fühlt sie sich vom neuen Patienten fasziniert, sexuell erregt – und zunehmend hilflos klingt ihre Selbstbeschwörung: »Er ist mein Patient. Patient.« (S. 36)

Scheint der Text bis zu diesem Zeitpunkt auf eine zerstörerische Affäre zwischen Psychiaterin und Patient zuzulaufen, die keinen Krausser-Leser verwundern würde, schlägt er dann eine überraschende Volte: Er habe sie angelogen, gesteht der vorgebliche Kaufhausdetektiv, sein Name sei »nicht Stanislaus Nagy, beziehungsweise ist das nur eines meiner vielen Pseudonyme, unter denen ich unterwegs bin« (S. 47). Tatsächlich sei er der Teufel, und er sehe die Callas zwar wirklich, aber nicht alle zehn Jahre als Erscheinung, sondern »wann immer ich will! (…) Sie ist nicht tot und nicht lebendig. Sie wohnt bei den Bildern, in einer Halle hinter der Sehnsucht. Ich habe Maria gut gekannt. Sie wußte nichts davon.« (S. 46)

Dementsprechend will der ›Patient‹ auch nicht therapiert werden, sondern braucht schlicht jemanden, dem er »alles erzählen kann« (S. 47). Und so zeichnet Nagy (wie er hier der Einfachheit halber weiter genannt sei) vor den Ohren der gleichermaßen ungläubigen wie hingerissenen Cora den Lebensweg von Maria Callas Station für Station nach – mit einigen Abweichungen von der gängigen Version allerdings. Denn er, der Teufel, sei maßgeblich für ihren Lebensweg verantwortlich, habe Maria schon früh entdeckt und fortan ihr Leben gelenkt, habe sie gequält und zu Triumphen angestachelt und irgendwann gemerkt, dass auch ›der Andere‹ mitspielt, das »Spielzeug gehörte mir nicht mehr allein« (S. 55).

Das ›Spielzeug‹ aber lohnte den Kampf, zumal sich Nagy Ende 1944 in einer »Sinnkrise« befunden habe: »Der Krieg ödete mich längst an. Alles war so technisch geworden, ohne Raffinesse. Was damals vor sich ging, auch ohne mein Zutun – geschmacklos. Zum ersten Mal bekam ich das Gefühl, die Menschen hätten mich nicht unbedingt nötig, kämen gut ohne mich aus, erledigten meinen Part im großen Spiel grausamer und konsequenter, als es mir je eingefallen wäre. (…) Man hilft sich mit Capricen hinweg, kleinen Obsessionen, die zu großen Obsessionen werden. So ging es mir mit Maria.« (S. 58)

Nie zuvor habe er seiner »Lust auf Schönheit so viel Auslauf gegeben« (ebd.) und sei immer in ihrer Nähe gewesen, ohne der Callas je ganz nah gekommen zu sein, weil sie gleichsam den Teufel in ihm gerochen habe, als hätte er in »Blut und Schwefel« (S. 50) gebadet. In seiner Not sei er daher auf den Trick verfallen, in ihren Pudel zu schlüpfen, der ironischerweise ›Toy‹ hieß, »klingt wie die erste Silbe meines Namens« (S. 93). Wieder einmal soll des Pudels Kern also der Leibhaftige gewesen sein, aber Krausser dreht die parodistische Schraube noch eine Drehung weiter, indem er auch den Gegenspieler als Pudel auftreten lässt – und zum ›Beweis‹ zeigt Nagy seiner Zuhörerin ein Foto, das auch dem materialen Zeichenträger, sprich: dem Buch, beigefügt ist und das Spiel um Fakten und Fiktionen beziehungsweise um die Zuverlässigkeit des Erzählers weiter forciert: »Es gibt ein Foto von Maria, Gott und mir, kennen Sie's? Nein? Da. Der *schwarze* Pudel – das bin ich!« (Ebd.)

Irgendwann jedoch ist Marias Stimme verbraucht. Mit der Stimme schwindet auch ihre Schönheit, und in einer anrührenden Szene spielen die Callas und der Teufel das Schlussduett aus »Aida« nach: »*Tutta è finita sulla terra per noi?*«, fragt sie ihn in der Rolle der Aida, und Nagy antwortet als Radames: »*È vero*« (S. 172) – woraufhin Maria Callas ins Bad geht und stirbt. Und da auch Gott inzwischen tot ist und als steifgefrorener weißer Pudel in einer von Kerzenwachs versiegelten Truhe liegt, kündigt Nagy seinen Selbstmord durch Menschwerdung an: »Als der weiße Pudel noch hier war, war es lustiger. Damals dachte ich, wenn er geht, gehört das ganze Spielfeld mir – großartig! Aber ohne Gegner ist kein Spielfeld was wert.« (S. 136)

Während Nagy daher als Magier, als der ›große Bagarozy‹ im Alhambra auftritt, einem »giftgrün illuminierten Varieté-Nigthclub, Touristenfalle im alten Stil« (S. 159), um in der Selbstverspottung menschlich zu werden, ist Cora längst von einer heftigen sexuellen Obsession für Nagy beherrscht, als hätte eine freudsche Übertragung stattgefunden, und mit jeder Zurückweisung wird ihr Verlangen größer, bis es schließlich nach einer letzten heftigen Ablehnung zur dramatischen Überschreitung der bürgerlichen Normen kommt, die ihr Leben zuvor dominiert hatten: Sie erschießt ihren Mann, schiebt die Schuld naheliegenderweise auf Nagy und lebt fortan »unbestraft und unglücklich« (S. 183), auf der Suche nach dem verlorenen Objekt ihrer Begierde.

4

Helmut Krausser richtet in »Der große Bagarozy« also eine veritable Genre- und Themenmischung an, und jede der oben genannten Rubrizierungen scheint ihre Berechtigung zu haben. So liegt mit dem Roman durchaus eine Satire auf die Erklärungsmuster der Psychoanalyse vor, die sich in die Formel ›Kunst sticht schnöde Wissenschaft im Dienste des Realitätsprinzips‹ fassen lässt.

Auch das ironische Spiel mit Mythen, namentlich mit dem Teufelsmythos (»Hölle? Was stellen sie sich darunter vor? Brueghel-Bilder? Mein Heimkino, in dem ich mich an Gemarterten ergötze? Wie lange sollte mich das amüsieren? Klischees!«, S. 73) ist offensichtlich ein wesentlicher Teil des Erzähldiskurses, ebenso wie »Der große Bagarozy« durchaus eine – mit fiktionalen Elementen angereicherte – (Kurz-)Biografie der Callas bietet. Wie wichtig Krausser selbst diese Dimension des Textes war, verdeutlicht ein Eintrag im September-Tagebuch: »Ich will Galionsfigur sein, Vorreiter auf der Callas-Welle, nicht als ›gerade noch aufgesprungen‹ gelten, oder gar hinweggespült werden im Kielwasser (C. – die letzte unausgeschlachtete Ikone des Jahrhunderts).«[12]

Und mehr noch: Darüber hinaus verbindet der Roman tatsächlich die Komplexe ›Wechselspiel von Lüge und Schuld‹ und ›Genealogie des Mythos‹ und amalgamiert damit diejenigen Diskurse, die im Mittelpunkt von »Melodien« und »Thanatos« stehen. Die Mechanismen der Ikonisierung, an denen sich Nagy vor allem durch die Streuung von Gerüchten beteiligt, bilden gleichsam den roten Faden, an dem entlang die Biografie von Maria Callas erzählt wird. Initialzündung der Mythisierung sei gewesen, erläutert Nagy, dass Maria, zuvor eine »Allegorie der Schwerkraft« (S. 52), ihr Gewicht um die Hälfte reduziert habe und so zu einer »mythologischen Schönheit, irgendetwas zwischen Artemis und Pallas Athene« geworden sei. »Nun wurde sie zur bekanntesten Frau der Welt«, einem »Gesamtkunstwerk« (S. 77) ohne Makel, und ihre Konzerte seien wie Gottesdienste zelebriert worden. Aber erst im Niedergang, mit ihren Niederlagen im Leben und auf der Bühne sei sie zum Mythos geworden: »Um Ikone zu werden, bedarf es vieler Ornamente. Anekdoten, Gerüchte. Klettergewächse, die sich um etwas ranken müssen, ansonsten gar nicht erst entstehen.« (S. 128) Nur ein Foto der schimpfenden Callas etwa machte sie »zur keifenden Megäre«, ein »Reporter schoß das Foto seines Lebens. (…) Ich hatte ihn dort postiert, hab ihm die Kamera gelenkt«, nimmt Nagy die Verantwortung auf sich. »Ich war stolz auf dieses Bild. Förderte ihre Legende mit allen Mitteln, wollte, dass etwas der Banalität entrissen wird.« (Ebd.)

Als Destillat der Metaromane kann der Roman also fungieren, aber auch als Gelenkstück: Denn »Der große Bagarozy« vollzieht nicht nur nach, wie aus der Sängerin eine Ikone wurde, sondern spielt darüber hinaus offensichtlich ein Thema an, das später im Zentrum von »Eros« stehen sollte: die Illusion der Selbstbestimmbarkeit des Lebens. »Eros« nämlich erzählt seinem Titel entsprechend zwar durchaus von der Liebe, vor allem aber von Macht und Ohnmacht: Kern des Romans ist die einseitige Liebe des mächtigen und schwerreichen Alexander von Brücken zu der armen Nachbarstochter Sofie. Als Kompensation beziehungsweise Sublimierung der nicht erwiderten Liebe setzt Brücken sein Vermögen und seinen Einfluss ein, um Sofies Leben aus der Distanz unbemerkt zu begleiten und vor allem zu lenken – ebenso wie Nagy das Leben von Maria Callas gelenkt haben will.

Und ergänzen ließe sich dieses Set an Rubrizierungen schließlich noch durch den Hinweis, dass mit dem Roman selbstverständlich auch eine Studie über den Wahnsinn aus Leidenschaft vorliegt, der spätestens seit »Fette Welt« zu den wesentlichen Themen im Werk Kraussers zählt, ebenso wie sich »Der große Bagarozy« als kritische Gegenwartsdiagnose im Gewand des modernen Kunstmärchens charakterisieren ließe, ist der Teufel doch immer »eine Allegorie des Sinnzustandes der Menschheit«.[13]

5

Dass man den Roman trotz dieser Gemengelage aus Themen und Motiven nicht als ›postmodernen Wirrwarr‹ beurteilen kann, liegt daran, dass seine Elemente um ein Gravitationszentrum kreisen, das, wie hier thesenhaft behauptet sei, den Mittelpunkt von Kraussers Schreiben insgesamt bildet: den Komplex ›Kunst und Macht‹.[14] Nur andeuten lässt sich an dieser Stelle, in welcher Weise dieser Komplex in den anderen Werken Kraussers ausbuchstabiert wird. So geht es in »Melodien« um die Macht der Musik beziehungsweise die »Macht der Musik als einem Mythos«.[15] Der zeitphilosophische Roman »UC« hingegen inszeniert drei hierarchisch geordnete Erzähler, die jeweils die untergeordneten Erzähler erzählen, sprich: beherrschen. Und in »Eros« setzen sich Alexander von Brücken und sein Biograf – ein fiktiver Schriftsteller, dem er aus seinem Leben berichtet – darüber auseinander, was und wie erzählt werden soll, womit der Roman geradezu zu einer Studie über die Macht des Erzählers wird. Markant zeigt sich dies in einer selbstreferenziellen Passage, in der der Erzähler eine Bemerkung seines Auftraggebers zitiert: »Wir beide, Alexander und ich, seien uns ja wesensverwandt. Im Grunde würde ich innerhalb meiner Romane dasselbe tun, was Alexander getan habe, ich auf dem Papier, er im Freiluftgehege des Lebens. Alle Menschen würden irgendwann zu Figuren und die Macht, die ich als Autor ausüben würde, sei vergleichbar mit jener Alexanders über die Wirklichkeit.«[16] Und auch in der »Kartongeschichte« geht es letztlich um Macht und Kunst, und zwar insofern, als im Zentrum des Textes die Machtdemonstrationen des Erzählers stehen, der ja nur erzählt, wozu er gerade Lust hat und, mit Blick auf das Ende, sich als Instanz aufführt, die über den Text herrscht wie das Schicksal über den Menschen.

Und wie es sich für ein Schlüsselwerk gehört, aktualisiert »Der große Bagarozy« den Komplex in verschiedenen Konstellationen und auf verschiedenen Ebenen. Zunächst ist offenkundig, dass es, wie schon in »Melodien«, erneut um die Macht der Musik und in diesem Fall die machtvolle Schönheit des Gesangs geht. Das erste Mal habe sich diese Macht qua Schönheit dokumentiert, als italienische Offiziere Marias Mutter wegen Verstößen gegen das Besatzungsrecht festnehmen und hinrichten wollen. »Was geschieht? Maria setzt sich, spielt und singt aus Tosca. Die Italiener senken ihre Waffen, lassen sich im Halbkreis ums Klavier nieder und hören begeistert zu. Vergessen die Durchsuchung!« (S. 55) Explizit benennt Nagy, noch vor seinem ›Geständnis‹, diese überwältigende Macht der Stimme bereits in der Schilderung am Anfang des Romans, mit der die Initiation seiner Obsession erklärt wird: »Jemand legte eine Cassette ein (...). Ich hörte diesem Sopran zu, es war als bohrte sich diese Stimme in mein Gehirn und durchleuchte es mit einer Sonde, einer Sonde aus Licht und Klang. (...) Diese Stimme, so zauberhaft, unsagbar, gewaltig«. (S. 8 f.)

Unabhängig davon also, ob Nagy nun der Teufel ist oder nicht – und ob er die Stimme der Callas das erste Mal im Italien der 1940er Jahre oder auf einer Grill-Party im Deutschland der 1980er Jahre gehört hat –, wird der Stimme von Maria Callas eine Macht zugeschrieben, die an die Macht der ›Tropoi‹ in »Melodien« erinnert. Im Rahmen seiner Erzählung ist es also der Teufel, den die Callas mit der Schönheit ihre Gesanges in den Bann geschlagen hat, der bei ihren wie Gottesdiensten zelebrierten Konzerten »litt und genoß, (...) haßte und liebte« (S. 78) und sich ihr sogar als »schwarzgelockter Köter mit kupiertem Schwanz« (S. 95) nähert.

Als die Schönheit aber »unwiederbringlich zerstört, das Spielzeug kaputt war« (S. 125), bleibt ihm nur, von ihr zu erzählen – und dann selbst zu sterben, gleichsam als eine Allegorie auf das berühmte platensche Diktum. Damit eignet dem Erzählen im Sinnzusammenhang des Romans die Macht, die Erinnerung an die Schönheit zu bewahren, und folgerichtig thematisiert der Text immer wieder, dass die Erzählung von Maria Callas' Leben nicht fragmentarisch bleiben dürfe. So ist Cora etwa schon früh sicher: »Er würde mir bestimmt nichts antun, solange er nicht zu Ende erzählt hat« (S. 60), und später nutzt sie die Unabgeschlossenheit seiner Erzählung sogar als Mittel, um ein Treffen mit Nagy zu rechtfertigen: »›Deiner Geschichte fehlt ein Ende.‹ (...) ›Das stimmt. Ich habe Dir nicht alles erzählt. Wozu auch?‹ ›Damit es wahr wird.‹« (S. 162) Cora deutet hier unabsichtlich einen Wahrheits- beziehungsweise Wirklichkeitsbegriff an, der zwar ihr Figurenbewusstsein übersteigt, den Roman insgesamt aber dennoch dominiert: Etabliert wird im »Bagarozy« nämlich ein Verhältnis von Realität und Kunst, in dem die Vorzeichen der gängigen Auffassung umgekehrt sind, die Welt der Kunst also die eigentliche, wahre Wirklichkeit darstelle. Denn im biologischen Sinne lebten die Menschen zwar, im emphatischen Sinne seien sie aber tot, weil sie keinen Sinn für Schönheit, sprich: Kunst, haben – und wesentlich für die innerfiktionale Geltung dieser Position ist, dass der Erzähler des Gesamttextes und Nagy als Erzähler der Callas-Biografie hier gleichsam mit einer Stimme sprechen. Die Darstellung von Coras ›leblosem Leben‹, für die der Erzähler verantwortlich zeichnet, wurde eingangs zitiert. Nagy verallgemeinert diese Charakterisierung sogar: »Schauen Sie sich all die Menschen an. Verlangen vom Leben nichts, was nicht mit einem vollen Magen, einer schönen Wohnung und drei Orgasmen pro Woche abgeleistet wäre. Hinzugerechnet Gesundheit, später Tod und gutes Fernsehprogramm.« (S. 44) Noch deutlicher wird diese Inversion der Begriffe ›Tod‹ und ›Leben‹ später durch Nagys Reaktion darauf, dass Cora sich ihm andient mit dem Hinweis, Maria sei tot, sie hingegen lebe: »Wer heutzutage tot ist und wer nicht – weiß man das immer so genau? (…) Wie kann etwas, das singt, tot sein? Etwas, das stinkt, ja. Etwas, das sich verfärbt, durchaus.« (S. 161)

Und schließlich gipfelt diese Umwertung der Kategorien in einem leidenschaftlichen Plädoyer Nagys für die Lebendigkeit der Kunst und gegen die Leblosigkeit der Wirklichkeit: »Und wenn es so wäre, daß ich wahnsinnig bin, daß eine Welt in mir ist, die der deinen nicht gleicht – wenn es so wäre, wenn alles um mich her riefe: ES IST NICHT WAHR! DU BIST KRANK, WIR SIND GESUND! Worin läge solcher Gesundheit Reiz? Wo deren Schönheit? Einmal war die Erde ein Fest, ein Ballsaal, unendlicher Spielraum, nächtliches Kaufhaus. Und jetzt? Wir sind schwarzweiße Comic-Helden, Floskeln, die man von Ohr zu Ohr durch eine große graue Leere wirft. Ich habe keinen Wiedersehenswert entdeckt in Deinem Land. Deiner Verwesung polternd Gasgemisch lebendig nennen – Euphemismus!« (S. 175)

In kunstphilosophischer Perspektive gilt also der Vorrang des Erzählten vor dem Wirklichen, womit sich die Aktualisierung des Macht-Kunst-Komplexes im »Bagarozy« allerdings nicht erschöpft, da die Macht des Erzählens beziehungsweise des Erzählers auch die Handlungslogik des Romans prägt. Denn es wird zwar im Text nicht explizit erklärt, warum Cora dem vorgeblichen Teufel verfällt, aber offenkundig gewinnt Nagy die Macht über seine Zuhörerin vor allem mittels seiner Erzählung. So fühlt sich Cora bereits in der zweiten Sitzung, »als schmelze sie unter seinen Worten hin und triebe auf einer Gondel davon. Als trüge sie ihren Kittel nicht mehr und sähe sich in ein Abendkleid gezaubert, in jenes, das Nagy beschrieben hatte (…).« (S. 21) Und sie versucht sich diesem Sog des Narrativen zwar zu entziehen – es »mußte mit dem Zuhören Schluß sein – nahm sie sich vor« (S. 45), aber es gelingt ihr nicht, wie die Verzögerung im Satzfluss deutlich macht. Trotz ihrer Ungläubigkeit der unwahrscheinlichen Beichte gegenüber muss sie dem »Verbalpyrotechniker von Satans Gnaden« (S. 148) weiter zuhören und wird dementsprechend ungeduldig, wenn es retardierende Momente gibt: »Red schon weiter! Hast Dir doch alles zurechtgelegt!« (S. 56), oder: »Mehr! dachte sie. Mitleidslos. Genußsüchtig. Erzähl noch mehr! Sei, der du sein willst! Amüsier mich!« (S. 95) Auch aus dieser Perspektive ist folglich plausibel, dass Cora auf einem Ende der Geschichte besteht, und insgesamt wird Nagy damit gleichsam unter der Hand zu einer Künstlerfigur, genauer gesagt: zu einer Schriftstellerfigur, in der sich die Macht des Erzählers abbildet.

Aber auch damit erschöpft sich der Macht-Kunst-Komplex noch nicht: Denn das Verhältnis zwischen dem Erzähler Nagy und der Zuhörerin Cora bildet nicht nur das Movens der Handlung, sondern spiegelt darüber hinaus die Kommunikationssituation zwischen dem Erzähler des Gesamttextes beziehungsweise seinem impliziten Autor einerseits und dem realen Leser andererseits. So wenig Cora weiß, ob Nagy ihr die Wahrheit erzählt, so wenig erfährt der Leser, ob die Existenz des Teufels zur Realitätskonzeption des Romans gehört. Immer wieder gibt es irritierende Momente, spielt der Text mit dem Bedürfnis des Lesers, Indizien für die Auflösung des Rätsels zu bekommen. Um nur zwei Beispiele aus der Vielzahl der unzuverlässig erzählten Passagen herauszugreifen: Nagy weiß zu Coras Erstaunen etwa, dass zwei ihrer Patienten sich umgebracht haben, aber bald darauf enthüllt er, davon in der Zeitung gelesen zu haben. So scheint Nagy die Aufnahme von einem Konzert der Callas zu besitzen, das nicht aufgenommen wurde, doch ist die Opernhasserin Cora gar nicht in der Lage, die Stimme der Callas verlässlich zu identifizieren. Und einmal wird eine seltsame Wahrnehmung Coras geschildert und aus ihrer Sicht naturalisiert, während der Erzähler sich mit Erklärungen zurückhält: »Ihr war, als verlöre Nagys Erscheinung an Plastizität, würde stellenweise schemenhaft bis transparent. Cora rechnete es den Netzhauttricks fortgeschrittener Dämmerung zu.« (S. 97) Nirgendwo im Text wird also erklärt, ob Nagy nun tatsächlich der Teufel ist, und Krausser hat sich erstaunt darüber gezeigt, dass die meisten Rezensenten sich »für den Teufel« entschieden haben, »obwohl der Protagonist nicht eindeutig zuzuordnen ist«.[17]

6

Lesen lässt sich diese Unbestimmtheit als Herrschaftsgeste des Autors über seinen Text: Nur er weiß, ›was gespielt wird‹ – und weist den Leser übrigens schon im Paratext und damit in derjenigen Zone des Werkes darauf hin, die dem Autor und seinen Hinweisen für die ›richtige‹ Lektüre des Textes vorbehalten ist. Vorgeschaltet ist diesem nämlich ein Motto, das Maria Callas mit den Worten zitiert: »Only my dogs will not betray me.« Der Leser des »Großen Bagarozy« ›weiß‹ am Ende, dass sogar ihre Hunde sie betrogen haben, und der Gesamttext wird damit zur ›Lüge‹, sprich: zum Spiel des Autors mit den Bedürfnissen seiner Leser.

Von diesem Befund aus ist es nun möglich, noch einmal etwas genauer danach zu fragen, ob Kraussers Werk sich in den Zusammenhang einer postmodernen Ästhetik einordnen lässt. Mit dem schillernden Begriff der ›Postmoderne‹ begebe ich mich sicherlich auf in terminologischer Hinsicht vermintes Gelände, doch gibt es begriffliche Kandidaten, die sich in der bisherigen Debatte als weitgehend konsensfähig erwiesen haben und auf die ich hier daher knapp rekurrieren möchte. Im Einzelnen sind dies in hierarchischer, absteigender Ordnung die Signa der Offenheit, der Immanenz, der Intertextualität und der Selbstreflexivität, hierarchisch deshalb, weil eine postmoderne Form der beiden letztgenannten Begriffe wiederum durch öffnende und immanente Aspekte dominiert ist.[18] Zumindest zwei dieser Kandidaten lassen sich offenbar auf »Der große Bagarozy« beziehen, und zwar die Intertextualität und die Selbstreflexivität. Anders hingegen sieht es mit den Merkmalen der Immanenz, wobei ich darunter eine fundamentale Antimimesis verstehe, und der Offenheit aus: Denn der Text weist ja immer wieder über sich hinaus und verfolgt beispielsweise durchaus ernsthaft das Ziel, eine kohärente Deutung der Callas-Biografie zu entwerfen, und vor allem ist der Text insofern nicht ambivalent, als er immer wieder andeutet, dass es eine Instanz gibt, die die ›Wahrheit‹ kennt – nämlich den Autor. Keineswegs folgt Krausser im »Bagarozy« also der postmodernen Einsicht in die geringe Geltung der Autorintentionen und die fundamentale Offenheit der Bedeutung von literarischen Texten, sondern inszeniert sich vielmehr als souveräner ›Herrscher‹ über den Diskurs der Erzählung. Wenn damit Kraussers Konzept von Autorschaft insgesamt vorgeführt wird, liegt mit »Der große Bagarozy« also tatsächlich ein ›Schlüsselwerk‹ vor, das im Schnelldurchlauf durch den Krausser-Kosmos führt und in seinem Zentrum ankommt.

1 So gleichermaßen selbstironisch wie selbstbewusst formuliert in einem Interview mit Patrick Grossmann in der Zeitschrift »Galore«, Heft Mai 2005. — **2** Helmut Krausser: »Mai«, München 1993, S. 93. — **3** Helmut Krausser: »Kartongeschichte«, Hamburg 2007, S. 7. — **4** Ebd., S. 11. — **5** Ebd., S. 89. — **6** Ebd., S. 98. — **7** Ebd., S. 139. — **8** Helmut Krausser: »September«, München 1997, S. 14. — **9** Helmut Krausser: »Oktober, November, Dezember«, Reinbek 2000, S. 22. — **10** Ebd., S. 21 f. Zur Form der Selbstinszenierung und, damit verbunden, der Leserlenkung, die in diesen Tagebüchern offenkundig unternommen wird, vgl. Volker Wehdeking: »Helmut Kraussers Dichterbild in seinen Tagebüchern: die exemplarische Selbstinszenierung im Kommentar zur Erzählung ›Der große Bagarozy‹«, in: Gunter E. Grimm / Christian Schärf (Hg.): »Schriftsteller-Inszenierungen«, Bielefeld 2008, S. 249–271, bes. 254 ff. — **11** Helmut Krausser: »Der große Bagarozy«, Reinbek 1997, S. 47; im Folgenden nachgewiesen mit Seitenangaben im Text. In diesem Sinne urteilte beispielsweise Gabriele Killert in ihrer »Aussendienst-pykniker« betitelten Rezension in der »Neuen Zürcher Zeitung« vom 23.10.1997, ebenso wie Thomas Schmidt in seiner Besprechung des Romans, die unter dem Titel »Ein literarischer Pudel. Helmut Kraussers allzu harmloser Roman über die Schönheit und das Böse« am 27.9.1997 in der »Frankfurter Rundschau« erschien. — **12** Krausser: »September«, a. a. O., S. 17. — **13** Krausser: »Oktober, November, Dezember«, a. a. O., S. 22. — **14** Vgl. zu dieser These ausführlich Christoph Jürgensen / Tom Kindt: »Kunst und Macht im Werk Helmut Kraussers. Ein philologisches Destillat«, in: Claude D. Conter / Oliver Jahraus (Hg.): »Sex – Tod – Genie. Beiträge zum Werk von Helmut Krausser«, Göttingen 2009, S. 95–107. — **15** Lutz Hagestedt: »Helmut Krausser«, in: Heinz Ludwig Arnold (Hg.): »KLG«, München 1996, S. 4. — **16** Helmut Krausser: »Eros«, Köln 2006, S. 209. — **17** Krausser: »Oktober, November, Dezember«, a. a. O., S. 22. — **18** Vgl. hierzu grundlegend Christer Petersen: »Der postmoderne Text. Rekonstruktion einer zeitgenössischen Ästhetik am Beispiel von Thomas Pynchon, Peter Greenaway und Paul Wühr«, Kiel 2003, bes. S. 313 ff.

Ulrich Faure

»Die Welt ist der Torso des Gesamtkunstwerks«[1]

Helmut Krausser und die Musik

> »die zwölf, die mich am öftesten zu
> trösten wußten: monteverdi bach
> mozart beethoven schubert wagner
> verdi bruckner mussorgski mahler
> puccini strauss.«[2]

»Für die Musik könnt ich zum Mörder werden. Meine Freunde wissen das, und die, die darauf keine Rücksicht nahmen, waren meine Freundschaft nicht wert«, so Helmut Krausser in seinem »Tagebuch« vom September 1996 (in der Zeit von 1992 bis 2004 jeweils in »Monatsscheiben« geführt und veröffentlicht).[3]

Diese scharf zugespitzt formulierte Aussage Kraussers ist nicht leichtfertig und schon gar nicht »auf Pointe« hingeschrieben. Dieser Autor ist kein Nebenbei-Horcher oder Hintergrunddudler, sondern einer, der sehr genau hinhört und dabei bis zur Ekstase genießen kann: Man dürfe rein gar nichts über Musik sagen, die man nicht mindestens viermal gehört habe, schreibt er ins Tagebuch »März« 2003.[4] Der Sängerin Gwyneth Jones habe er einmal zehn Blumensträuße auf die Bühne geworfen: »bis heute Platzrekord in der Münchner Oper«.[5] Nichts also mit Musik als einem schönen Beiwerk und harmlosen Stillevertreiber, geschweige denn als angenehme Geräuschkulisse. Musik ist für Krausser »Lebensmittel«, ist eine Grundsubstanz auch für sein Werk.

So gehört sie denn auch nicht nur thematisch in seine Texte, sondern bestimmt konstitutiv deren Aufbau, die Dramaturgie sowie die Rhythmik vieler seiner Formulierungen selbst. Es gibt nicht ein Werk Kraussers *ohne* Beziehung zur Musik.

Einige Arbeiten thematisieren sie ganz direkt: Der 900-seitige Musik-Mythen-Roman »Melodien« von 1993; 1997 der, kann man sagen, Maria-Callas-Roman »Der große Bagarozy«; der Held von »UC« aus dem Jahr 2003 ist ein Dirigent; der Puccini-Roman von 2008; und schließlich sind in den »Tagebüchern« Kommentare zur Musik Legion.

Aber auch Lesern der frühen Bücher, etwa »Fette Welt« (1992), kann die fast obsessive Beziehung dieses Schriftstellers zur Musik nicht entgehen, wobei einstweilen offenbleibt, ob es um die sogenannte populäre oder die sogenannte klassische geht. Wenn ausgerechnet im Münchener Stadtstreichermilieu von Richard Wagner die Rede ist und von Carlos Kleibers Interpretation seines »Tristan«, wird es sofort offenbar; mancher Leser wird sich die Augen reiben. Doch weshalb sollte ein Obdachloser von solcher Musik nichts verstehen?

In »Melodien« aber ist Musik der Motor der vielschichtigen und auf verschiedenen Zeitebenen spielenden Handlung. Warum, wird gefragt, wirkt die eine Melodie eingängig und wird erfolgreich, eine andere jedoch nicht? Wo steckt das Geheimnis einer Tonfolge, die so beschaffen ist, daß sie selbst ein flüchtiger Hörer nicht mehr aus dem Ohr bekommt? Und wodurch eigentlich wird eine Melodie zum Hit?

Gerade darin besteht ein großer Teil der bleibenden Faszination dieses Buches, daß Krausser einen Mythos erfindet, der die »Erfolgsgarantie« von Musik scheinbar entschlüsselt hat: Der Magier Castiglio, so erzählt Krausser, habe um das Jahr 1530 zahlreiche mehrtaktige Motive (im Roman »Tropoi« genannt) gefunden oder selbst komponiert, die jeweils auf den (oder die) Hörer eine ganz spezielle Anmutung haben. Krausser präsentiert natürlich Beispiele für solche Melodien, die beim Hörer berechenbare Gefühlsänderungen auslösen sollen, wie: Liebe erwecken, Mitleid erheischen, Furcht vertreiben, um nur ein paar Beispiele zu nennen. Nämlich das ohnehin sagenumwitterte »Miserere« von Gregorio Allegri und Palestrinas »Missa Papae Marcelli« (für diese »Missa« sei tatsächlich eine »Fremdmelodie« aus dem 16. Jahrhundert, »L'Homme armé«, ausgeliehen worden, teilt Krausser 1992 im Tagebuch »Mai« mit).[6]

Laut Romanhandlung haben in diesen beiden Musikwerken wenigstens zwei der verlorenen Tropoi Unterschlupf gefunden und können so – weitgehend unerkannt – in alle Ewigkeit weiterleben. (Auf die naheliegende Idee, dem Buch eine CD mit entsprechenden Musikbeispielen beizugeben, kam leider nicht Kraussers deutscher Verlag, sondern erst der niederländische Lizenznehmer.)

So weit, dem Leser einen Fingerzeig zu geben, welche Tonfolge, welche Takte genau Castiglios Erfindung sein sollen, geht Krausser freilich nicht; da man aber als Leser des Buches eine ziemlich genaue Vorstellung hat, wie die im Buch ausführlich beschriebenen Tropoi zu klingen haben, findet man unweigerlich in diesen Kompositionen (mindestens) eine Sequenz, die von Krausser gemeint sein könnte – und jeder Leser findet sicher eine andere. So überzeugend erzählt der Autor seine Mythos-Geschichte, daß es keinen »Melodien«-Leser geben dürfte, der das »Miserere« oder die »Missa« hören kann, ohne sofort daran erinnert zu werden, daß diese Stücke die Reste des verschollenen Castiglio-Melodienschatzes enthalten. Jeder Leser wird sofort die Ohren spitzen, um herauszuhören, was denn in diesen Stücken »tropostauglich«, also von der Hand des Magiers, sein könnte – eine literarische Erfindung beginnt damit ihr realitätsnahes Eigenleben.

So hat es auch der Literaturwissenschaftler Lutz Hagestedt beschrieben. Er erläutert dieses Phänomen in seinem Porträt »Der Schriftsteller Helmut Krausser« folgendermaßen: »Kraussers ›Melodien‹ erzählen von der Macht der Musik als einem Mythos. Im Orpheus-Mythos und seiner Rezeptionsgeschichte sind bereits viele seiner Elemente erkennbar: (...) ›Melodien‹ hat eine Gegenwarts- und eine Vergangenheitshandlung. Die Hauptfigur der Gegenwartshandlung ist der junge Fotograf Alban Täubner. Mit Orpheus verbindet ihn, daß auch er die erotische Partnerin verloren hat. Alban fällt in einen Zustand dumpfer, interesseloser Apathie (daher der Name ›Täubner‹); er ist ein Tor vom Schlage Parsifals, wie Krausser in seinem Tagebuch ›Mai‹ (1993) hervorhebt; auch die phantastische Geschichte der ›Melodien‹ läßt ihn zunächst unbeeindruckt. (...) In der dargestellten Welt des Romans wird der These, die Tropoi lebten in transformierter Form in den großen Werken der Musikliteratur weiter, einige Wahrscheinlichkeit zugestanden. Hier generiert Krausser einen neuen Mythos, der das Musik-Erleben seiner Primärrezipienten verändern dürfte und die magische Wirkung bedeutender Musik erklären könnte.«[7]

»Worüber man nicht sprechen kann, darüber muß man singen – oder einen Roman namens Melodien schreiben«, das kann man als einen späten Kommentar Kraussers zu seinem Mythen-Buch nehmen[8] – selbst wenn der Roman da längst fertiggestellt und in mehreren Auflagen und ausländischen Lizenzausgaben erschienen ist: Der Musik-Mythos läßt auch seinen Autor nicht wieder los. Oder, noch ein paar Jahre später: »Eben ein wenig auf dem Keyboard geklimpert. Prompt kam eine Melodie, auf die Castiglio selbst niemals gekommen wäre. Musik aus dem Kern der innersten Archive. Seltsamerweise ist man auf nichts so stolz, wie auf Zufallsfunde, zu denen keine Mühe, kein Aufwand nötig gewesen ist.«[9]

Krausser hat sich in dieses Buch so tief hineingekniet, daß er sich kurz vor Fertigstellung auf das Ende wie auf eine Befreiung freut: Man ahnt den Rechercheaufwand, den er mit seiner späteren Frau Beatrice Renauer betrieben hat, nicht zuletzt natürlich an den Originalschauplätzen der Handlung: »Ich fange schon an, barocksprachlich zu *denken.*«[10] Die Arbeit am Text hat ihn aber nicht zuletzt zu einem Spezialisten für Barockmusik gemacht, obwohl seine musikalischen Wurzeln andere sind: »Meine ersten Begegnungen mit Klassik waren die Fantastique, Schumanns Klavierkonzert, Tschaikowskis Vierte, Beethovens Siebte, die Bilder einer Ausstellung, Carmina Burana, dann Mahlers Erste sowie ein paar Opern: Tosca, Rheingold, Salome, Walküre. Mozart, Bach, Schubert, Haydn – die fand ich viel schwieriger zu verstehen als etwa Elektra, oder das Sacre du Printemps. Selbst bei Schönberg und Konsorten konnte ich früher mitpfeifen als etwa bei Händeloratorien.«[11]

Viele der hier erwähnten Werke gehören für ihn noch immer zu den musikalischen Favoriten. Auf der Homepage <http://www.helmut-krausser.de>

(eine Fan-Page, die nicht der Autor betreibt, sondern Bernd Pleis als »Bernds Musik & Literaturseite«) gibt es ein Kapitel »Krausser & Klassische Musik – Einsteigertipps zum Leben mit der größten aller Drogen – der (sog.) Klassischen Musik«: Ohne Rang- und Reihenfolge, gedacht zum, um im Bilde zu bleiben, »Anfixen« von Anfängern. Auf dieser Seite erklärt Krausser: »Aber wie mir durch jemanden der Weg ins Reich der Klassischen Musik geebnet wurde, fühle ich mich umgekehrt verpflichtet, selbst Hilfestellung zu geben und einen wenn auch subjektiven Leitfaden zu erstellen.«

Krausser ist aber nicht nur Musik-Rezipient, sondern auch selbst Musiker: Mitte der 1980er Jahre gründete er mit dem Gitarristen El Conde die Band Genie & Handwerk, um »Musik für das 3. Jahrtausend« zu spielen – Krausser ist dabei Komponist, Texter und Sänger. Mit »Bootleg« kommt 1996 eine erste CD (sie greift auf wesentlich älteres Material zurück) heraus.

2002 erscheint die zweite Genie & Handwerk-CD »Reunion«. »Die Musik, die ich immer machen wollte«[12], kommentiert Krausser im Tagebuch »Februar« 2002, und diese Musik paßt schon kaum noch in die Schublade »Rock« oder in eins ihrer zahlreichen Unterfächer. Aber auch die Schublade »Klassik« ist zu eng für diese CD.

Auf der »Reunion« gibt es bezeichnenderweise einen Titel »Fragment Tropos Nr. 11 – Musik für dreieinhalb Klaviere«. Der direkt auf Castiglio Bezug nehmende Song hat ein Riff aus drei Tönen, die in gleichmäßigen Vierteln, aber hämmerndem Staccato auf dem Klavier vorgetragen werden. Diese Tropos-Melodie arbeitet sich durch alle Tonlagen und überlagert sich dabei selbst, wird aber von einer weiteren Klavierstimme messerscharf synkopiert. Damit erhält der hämmernde Beat Widerhaken, die das Stück jedoch nicht aufhalten, sondern im Gegenteil noch zusätzlich antreiben. »Die Idee des Stücks entstammt dem Roman Melodien, wo der Magier Castiglio nach Tonfolgen sucht, die fähig sind, das Gefühl eines Menschen zu manipulieren. Hier wurde versucht, eine solche simple Tonfolge zum Stück aufzubauschen, indem sie über viele Tonhöhen transportiert und durch triolische Gegenstimmen gestützt, verstärkt und konterkariert wird. Melos-Architektur, die Triumphgeheul intendiert«, heißt es auf der Genie & Handwerk-Homepage.[13]

Also gibt es doch ein Kapitel »Krausser & Rockmusik«? Ja sicher, und dieses Kapitel ist gar nicht so kurz. Vieles über Genie & Handwerk erfährt man im 1986 begonnenen, aber erst 1999 veröffentlichten Roman »Schweine und Elefanten«, übrigens Teil Eins der Hagen-Trinker-Trilogie. Das haben viele seiner übelwollenden Kritiker beim Hämeausgießen im Eifer des Gefechts übersehen: Gern wird Krausser bei solchen Gelegenheiten als elitärer Klassikfreak abgestempelt – was in solchem Zusammenhang natürlich nichts anderes heißen soll als: altbacken und musikalisch keineswegs ›hip‹.

Im Internet-Projekt NULL, bei dem verschiedene Autoren für eine Millenniums-Anthologie erste Gehversuche in Sachen Netz-Literatur machten (zusammengefaßt natürlich am Ende in einem Buch, das dem Leser die unaufgebundenen Rohbögen in die Hand gab; das Original-Projekt im Internet unter <http://www.dumontverlag.de/null> ist bezeichnenderweise längst offline), kontert Krausser im Mai 1999 auf ebensolche Vorwürfe: »Übrigens verabscheue ich Pop keineswegs. Hatte doch selber mal ne Band. (...) Im Gegensatz zu vom Land geflohenen Welterklärern (...) (die gerne die Rangliste der 101 besten Irgendwasse aufstellen – genau das ist das Gegenteil von Kreativität: Ranglisten aufstellen) verstehe ich eben auch was von Musik. (So wie Pop sich zur Musik verhält wie das Comic zur Literatur.) (...) Ich hab mich sehr über die Letzte von Radiohead gefreut, endlich mal wieder ein Meisterwerk – und im Hintergrund läuft gerade – sehr passend – Fat Boy Slim. Hübsch. Es gibt im Pop nur immer weniger, über das man sich freuen kann. Schade, ich würd' ja lieber andauernd mit Ekstase beliefert werden, als irgendwo in den Randnischen der Neuen Musik danach fahnden zu müssen.«

Über Kraussers Rock- und Pop-Vorlieben kann man ausführlich in den Tagebüchern lesen: So über die »beste Band der Welt« namens Gun Club, die Wipers, Lou Reed (und sein mit John Cale eingespieltes Jahrhundertwerk »Songs for Drella« von 1990), natürlich die Velvet Underground, die Pixies, The Who, Placebo – auch hier keine Rang- und Reihenfolge. Und natürlich unvollständig.

Daß er sich aber mehr der sogenannten E-Fraktion als dem Pop zuneigt, hat nichts mit geänderten musikalischen Vorlieben des Hörers Krausser zu tun, sondern schlicht mit der allerorten nicht zu überhörenden Banalisierung dieser Musik: »Pop ist zur Musik der Reaktion geworden. (...) Teens und Twens brauchen Pop, den Zauber der Stromgitarre und des Schlagzeugs, keiner will ihnen das wegnehmen. Erst danach tritt Leere und Langeweile ein. Auffälliges Problem: So spät, um die 30, orientiert man sich nicht mehr gerne um (...).«[14] Und zwei Jahre später: »Pop wurde ekelhaft, als, nach dem Punk, das Schwimmen im eigenen Saft, der Selbstreflexion, das kulturpolitische Definieren der laufenden Ereignisse begann, kurz: das Geschwafel (...). Pop war eine Revolution, und wie jede Revolution Katharsis und Seuche. Pop soll wieder Spaß sein, und Musik ernst.«[15] Aber: »Right. In einer Band gewesen zu sein, ist eine Erfahrung, die mit nichts vergleichbar ist.«[16]

Spätestens an dieser Stelle wird klar: Schubladendenken wie Klassik oder Rock, E-Kunst oder U-Kunst interessiert Krausser nicht im mindesten. Es ist schwer vorstellbar, daß er den Schusterterzen-Country & Western-Songs, wie sie Johnny Cash zu Tausenden produziert hat, irgendetwas abgewinnen kann, daß aber derselbe Johnny Cash kurz vor seinem Tod mit dem Coversong-Album »Solitary Man« eines der ergreifendsten Musikwerke des Jahres abgeliefert hat, entgeht ihm nicht und ist ihm eine Anmerkung im Tagebuch wert: »jedes lied ein stern am altar der altäre«.[17]

Viel hat Krausser nach eigener Aussage von Alfred Schnittke und seiner Polystilistik gelernt (»Schnittke zu hören, hieß einem Verbündeten lauschen (…)«)[18] – weshalb er aber nun längst nicht alles goutiert, was der Meister produziert: »Schnittke, dritte Symphonie gekauft (ein Auftragswerk, das 1981 zur Eröffnung des Neuen Gewandhauses in Leipzig uraufgeführt wurde und Tonmaterial von 30 deutschen Komponisten verarbeitet – Ulrich Faure). (…) Ein Kessel schwarz-weißes Allerlei. Streifzug durch die Musikgeschichte, von Bach bis Ligeti. Und was soll das? Erschließt sich mir nicht. Blubbernder Zitatenschatz, ohne Ziel und Richtung.«[19]

Krausser hat seinen Roman »Melodien« dem Regisseur Peter Greenaway und dem Komponisten Michael Nyman für zwei Filme zugeeignet: »The Cook, the Thief, his Wife & her Lover« und »Prospero's Book«. Für ihn sind diese Filme eine Art Oper, weil sich Handlung unauflösbar mit Musik verknüpft.

So war es im Prinzip nur eine Frage der Zeit, wann Krausser sich auch in diesem Genre versuchen würde. Mit dem Komponisten Moritz Eggert (vor allem bekannt durch seinen Zyklus »Hämmerklavier«) schuf Krausser die Oper »Helle Nächte« (nach Motiven aus »1001 Nacht« und den »Mysterien« von Knut Hamsun). Uraufgeführt wurde das Werk (mit großem Publikumserfolg und bösartigen Presseverrissen) am 8. April 1997 bei der Biennale München. Krausser im Tagebuch »Oktober« 1997: »*Helle Nächte* ist ein musikalisches Fanal, wie ich es mir im tollkühnsten Traum nicht herbeiphantasiert hätte. (…) Die Repopularisierung der Oper – wenn Moritz und ich das nicht schaffen, dann niemand.«[20] Leider gibt es noch keine Einspielung dieses Werkes.

Der Oper allerdings blieb das Schicksal erspart, nach der Uraufführung für immer in der Versenkung zu verschwinden. 2006 gab es im Theater Hagen eine glanzvolle Wiederaufführung.[21]

Freilich: Bei seiner Oper war Krausser ›nur‹ Librettist, aber ob er sich damit auf Dauer zufriedengeben wird? Die Kompositionen für Genie & Handwerk sind immerhin nicht solitär geblieben. 1998 (also noch vor der »Reunion«-CD) erschienen Kraussers klassische Kompositionen auf der CD »Kammermusik« – kleine Instrumental- und Gesangsstücke mit klassischen unverstärkten Instrumenten. »Im CD-Spieler läuft *meine* Musik. Kann mich an ihr nicht satt hören. Bin verdammt stolz darauf. Wieder ein Traum erfüllt. Und jeder Tag wird ein Traum weniger sein.«[22]

Daß es sich beim Komponieren tatsächlich um einen Lebenstraum Kraussers handelt, läßt sich vielfach belegen. Immer wieder kommt er im Tagebuch darauf zurück: »Die Tragik meines Lebens besteht wohl darin, daß ich lieber Komponist geworden wäre als Schriftsteller.«[23] – »Bekam Lust, selber einen Liedzyklus nach eigenen Gedichten zu komponieren. Eigentlich gäbe es überhaupt nichts, was ich lieber täte.«[24] – »Ursprünglich war ich 12 Dichter, jetzt sind wir nur noch zehn Dichter und zwei Komponisten.«[25] – »Wäre ich dreißig Jahre früher geboren worden, ich hätte nie Musik komponieren können. Mein Leben wäre unerfüllt verlaufen.«[26] – »Heute einiges über die Tonart As-Dur gelernt. Man meint ja leicht, das sei Jacke wie Hose. Aber jede Tonart unterscheidet sich von einer anderen eben mindestens so sehr wie eine Jacke von einer Hose.«[27] – »Ich möchte Geld genug haben, um ungestört ein paar Jahre komponieren zu können.«[28]

Die im Tagebuch 1999 angesprochene »Traumerfüllung« kann 2004 wiederholt werden – mit der CD »Amouren«, auf der es Gedichte gibt (gelesen unter anderem von Krausser selbst, Sophie Rois und dem viel zu früh verstorbenen Ulrich Mühe), aber auch wieder einige Lieder aus Kraussers Feder.

Diese CD ist in mehrerer Hinsicht bemerkenswert, vereint sie doch vieles von dem, was Krausser als seine künstlerische Zukunft sieht (nämlich weniger das Schreiben von – wie bisher – Romanen): Lyrik wechselt sich mit klassischen Liedern ab – aber es gibt auch Soundtracks von Genie & Handwerk. Krausser hat Regie geführt bei dieser »musikalisch-lyrischen Originalkomposition«.

Entstanden ist eine innige Verbindung von Lyrik und Musik – sicher nicht ganz so, wie wir es als eine Art Absichtserklärung an die Zukunft schon im Tagebuch »Juli« 1994 lesen: »Wenn die CD-ROM erst weiter fortgeschritten sein wird, will ich gerne deren Mittel nutzen, einen Text schreiben, den Bilder und Töne begleiten, eine Art Oper, mit stark erweitertem Assoziationsradius – vielleicht könnte eine ganz neue Kunstgattung daraus werden.«[29] »Amouren« ist, ohne CD-ROM zu sein, trotzdem ein Schritt in diese Richtung.

Was bei Kraussers verstärkter Hinwendung zur Lyrik in den letzten Jahren interessant ist: Wie lange sich der Autor schon um die Musikalität der Sprache nicht allein kümmert, sondern sich Gedanken macht, diese auch zu visualisieren. 1993 schreibt er im Tagebuch »Juni«: »Die Satzzeichen werden zu ungenau, wo Sprache komponiert ist. Für meine Lyrik möcht ich später mal die gängigen Satzzeichen durch musikalische Signata ersetzen. Also: den Punkt durch den Taktstrich, das Komma durch die Achtel-, den Gedankenstrich durch die halbe, den Absatz durch die ganze Pause et cetera. So wäre es möglich, eine Lesepartitur zu schaffen, in der die Autorenintentionen viel klarer werden.«[30]

Daß »Eros« (erschienen 2006) nicht – wie Krausser mehrfach angekündigt hat – sein letzter Roman geworden ist, hat ursächlich auch wieder mit Musik zu tun: nämlich mit der Person des Komponisten Giacomo Puccini, einem langjährigen Favoriten Kraussers. Für ein Buch über ihn hat der Autor eine 14-monatige Recherche auf sich genommen, wie sie sich selbst gestandene Journalisten in heutiger Zeit kaum noch zumuten; das Thema beschäftigt ihn allerdings schon viel länger – seit über zehn Jahren.

»Ja, eigentlich sollte ›Eros‹ mein letzter Roman sein. Ich mache den Puccini jetzt einfach deshalb, weil er schon sehr alt ist. Ich hatte ursprünglich ein Drehbuch über die dritte dieser Frauengeschichten geschrieben und dann entdeckt, daß der Ursprung jener Geschichte eben schon zehn Jahre zurücklag – und das muß man dann eben einfach als Buch liefern«, so Krausser im Interview mit der »Kritischen Ausgabe« im Sommerheft 2007.[31]

Er hat bei seinen Recherchen nicht ganz das gefunden, worüber er im Tagebuch mehrfach reflektiert hat: »Man wünscht sich ja immer, es könnte durch ein Wunder eine verlorene Partitur von Monteverdi, Puccini oder wem auch immer auftauchen, und man könnte, mit bald vierzig Jahren noch einmal den Zauber genießen, ein Werk solchen Ranges wie zum ersten Mal zu hören.«[32] Oder: »Ich bin überzeugt davon, in irgendeinem der großen Archive (Wien z. B.), im hintersten verstecktesten Regal, ließe sich Monteverdis vorletzte Oper finden, ›La Nozze di Enea e Lavinia‹, von 1640. Man müßte Kolonnen von Studenten anwerben, um nach ihr zu suchen.«[33]

Aber dafür hat er etwas ganz anderes enträtselt, hat er doch, was nicht weniger spektakulär ist, eines der größten Geheimnisse der Musikgeschichte gelüftet: Wer war Puccinis große Liebe Corinna? Zusammen mit dem Puccini-Biografen Dieter Schickling (der von seiner umfänglichen Puccini-Biografie sofort eine aktualisierte Neuauflage erscheinen ließ) hat er sich auf die Spuren des Casanovas Puccini gesetzt, aber erst als die Biblioteca Statale di Lucca ein Konvolut von 150 Briefen des Komponisten aufgekauft hatte, erhielten Krausser und Schickling die entscheidenden Fingerzeige über die dreijährige dramatische (und später vertuschte) Liebesgeschichte.

Welche Materialien Krausser bewältigen mußte, darüber hat er auf einer ganzen Seite in der »Frankfurter Allgemeinen Sonntagszeitung« vom 8. April 2007 Auskunft gegeben. Er hat dafür nicht allein die Originalbriefe Puccinis (bekannt für die Unleserlichkeit seiner Schrift), sondern auch Tausende Seiten an Detektivprotokollen, Einberufungs- und anderen Akten akribisch gesichtet.

»Die Hundertschaft der Forscher, die sich zuvor mit dem Rätsel erfolglos beschäftigt hatte, litt schlicht unter falschen beziehungsweise verschleiernden Angaben«, so Krausser in der FAS. »Puccini hat seine Geliebte, und es war eine durchaus romantische, keineswegs rein sexuelle Beziehung, vor den Freunden als Schullehrerin ausgegeben, wohl aus Scham über Coris allzu proletarische Herkunft. Angegeben hat er mit ihr aber schamlos (sie war fast ein Vierteljahrhundert jünger als Puccini – Ulrich Faure).«

Als die Affäre mit der Näherin Maria Anna Coriasco, 1882 in Turin geboren und 1961 dort gestorben, in die Brüche ging, hat Maestro Puccini alles getan, um die Spuren dieses Seitensprungs zu verwischen. Alle Verschleierungen aber haben nichts genützt, nach über 100 Jahren ist die dreijährige Affäre doch ans Licht gekommen.

Was genau damals geschah, läßt sich in Kraussers Roman »Die kleinen Gärten des Maestro Puccini« nachlesen – ein Buch, das eine Romanbiografie ist und auch wieder nicht. »Dokumentarroman« nennt der Autor sein Werk, für das er die ganze Recherche auf sich genommen hat. Das klingt nach einem genretechnischen Widerspruch oder aber nach 1960er Jahren, ist aber nichts von alledem. Der Autor erzählt in seinem Buch die unglaubliche Lebensgeschichte des italienischen Opernkomponisten nach. Dabei spart er die Kindheit und Jugend und den Weg zum Ruhm aus. Krausser schreibt stattdessen einen Puccini-Roman, in dem sich Fakten und Fiktion vermischen (das Fiktionale freilich wird in Anmerkungen offengelegt). Und er bringt als virtuoser Erzähler die papiernen Fakten zum Leben, haucht ihnen Atmosphäre ein und gibt den vielen handelnden »Figuren« Stimme und Gestalt.

Krausser hat sein Buch in drei Teile gegliedert, benannt nach Frauen, die in Puccinis Leben eine bedeutsame Rolle spielten. Nur Puccinis langjährige Lebensgefährtin und spätere Frau, die nicht ohne Grund, doch geradezu krankhaft eifersüchtige Elvira Bonturi, benötigt keinen nach ihr benannten Part, denn sie ist allgegenwärtig. Ein Liebes- und Künstlerroman ist daraus geworden, in dem die Musik trotzdem eine heimliche Hauptrolle spielt.

1 Helmut Krausser: »Mai 1992. Juni 1993«, Reinbek 1995, S. 192. — **2** Helmut Krausser: »März 2003. April 2004«, Reinbek 2006, S. 344. — **3** Helmut Krausser: »Juli 1994. August 1995. September 1996«, Reinbek 1998, S. 239. — **4** Krausser: »März 2003«, a. a. O., S. 108. — **5** Ebd., S. 149. — **6** Krausser: »Mai 1992«, a. a. O., S. 67. — **7** <http://www.hagestedt.de/portrait/d2Krausser.html>, aufgerufen am 15.4.2010. — **8** Helmut Krausser: »Oktober 1997. November 1998. Dezember 1999«, Reinbek 2000, S. 350. — **9** Helmut Krausser: »Januar 2001. Februar 2002«, Reinbek 2003, S. 165. — **10** Krausser: »Mai 1992«, a. a. O., S. 14. — **11** Ebd., S. 100 f. — **12** Krausser: »Februar 2002«, S. 216. — **13** <http://www. genieundhandwerk.de/reunion3.html>, aufgerufen am 15.4.2010. — **14** Krausser: »August 1995«, a. a. O., S. 222. — **15** Helmut Krausser: »Oktober 1997. November 1998. Dezember 1999«, Reinbek 2000, S. 10 f. — **16** Krausser: »September 1996«, a. a. O., S. 372. — **17** Krausser: »April 2004«, a. a. O., S. 229. — **18** Krausser: »Januar 2001«, a. a. O., S. 123. — **19** Ebd., S. 199. — **20** Krausser: »Oktober 1997«, a. a. O., S. 44 f. — **21** <http://omm.de/veranstaltungen/musiktheater20062007/HA-helle-naechte.html>, aufgerufen am 15.4.2010. — **22** Krausser: »Dezember 1999«, a. a. O., S. 337. — **23** Krausser: »November 1998«, a. a. O., S. 169. — **24** Krausser: »Dezember 1999«, a. a. O., S. 389. — **25** Krausser: »Januar 2001. Februar 2002«, a. a. O., S. 117. — **26** Ebd., S. 166. — **27** Ebd., S. 60. — **28** Krausser: »März 2003«, a. a. O., S. 95 f. — **29** Krausser: »Juli 1994«, S. 113. — **30** Krausser: »Juni 1993«, a. a. O., S. 195. — **31** »›Nicht jeder Rausch, den man hat, paßt zu jedem Projekt, das man macht‹. Ein offenes Gespräch mit Helmut Krausser«, in: »Kritische Ausgabe« 11,1 (2007), S. 34–41, hier S. 40. — **32** Krausser: »April 2004«, a. a. O., S. 180. — **33** Krausser: »August 1995«, a. a. O., S. 232.

Oliver Jahraus

»Mulholland Drive« – David Lynch verfilmt Helmut Kraussers »UC«

1 »Mulholland Drive« – das zweite Interpretament

Im Tagebuchprojekt von Helmut Krausser findet sich zum Februar 2002 ein rätselhafter Eintrag: »Als ich ›Mulholland Drive‹ sah, wurde mir klar, daß Lynch ›Ultrachronos‹ verfilmt hatte, so wie er ursprünglich geplant gewesen war. Und daß ich nun ein, zwei Scheite mehr aufs Feuer legen muss, besser fünf oder sechs.«[1] Rätselhaft ist dieser Eintrag deswegen, weil sich zunächst, auf der Textoberfläche, kein unmittelbarer, ins Auge springender Zusammenhang zwischen dem Film »Mulholland Drive« von David Lynch, der 2001 in die Kinos kam, und dem Roman »UC« von Helmut Krausser, der 2003 erschienen ist, herstellen lässt. Fast scheint es so zu sein, als ob Krausser hier eine Situation der präadaptiven Verfilmung imaginiert, so, als wäre Lynch ihm, Krausser, zuvorgekommen bei der Aufgabe, einen Stoff ästhetisch zu verarbeiten, dem sich auch Kraussers Roman widmet. Umso rätselhafter wird dann Kraussers Selbstverpflichtung in der Schreibphase, nunmehr »ein, zwei Scheite mehr aufs Feuer«, »besser fünf oder sechs«, legen zu müssen, offenbar, um den Film in gewisser Weise doch noch überbieten zu können: »Das Problem ist nur: Im Film darf man einiges nicht verstehen, man bleibt bei passender Bildgewalt dennoch im Kino sitzen. Wenn ein Leser zu vieles nicht versteht, klappt er das Buch zu, und aus die Maus.«[2] Mit dieser Bemerkung zu Lynch wird ein ohnehin schon im Roman selbst angelegtes intertextuelles Beziehungsnetz ergänzt und zudem intermedial erweitert. Im Roman wird ganz prominent ein Prätext herausgehoben, der explizit in den Text selbst einmontiert wird und dessen Titel sogar in den Untertitel von Kraussers Roman eingegangen ist: »Unter Zuhilfenahme eines Märchens von H. C. Andersen«. Gemeint ist das Märchen »Der Schatten«, das erstmals 1847 erschienen ist. Am Ende des zweiten Buches des aus vier Büchern bestehenden Romans wird der Text von Andersens Märchen in Frakturschrift, zerteilt in einzelne Abschnitte, fast vollständig in den Text des Romans hineinmontiert, über die andere Schrifttype sofort zu identifizieren, ohne dass der Bezug explizit gemacht oder gar erklärt würde. Der Leser kann gar nicht anders: Er muss Andersens Märchen als eine prätextuelle Grundlage des Romans begreifen. Das Andersen-Märchen wird damit als intertextuelle Folie und als Interpretament des Romans funktionalisiert. Wenn Helmut Krausser ausdrücklich das Märchen nur als »Dreingabe« charakterisiert, ohne die der Roman zurechtkommen könne, und konstatiert: »Das Andersen-Märchen ist kein Schlüssel zu UC«[3], so muss sich eine Textanalyse über diese Selbstinterpretation des Autors hinwegsetzen.

Ähnlich verhält es sich mit Lynchs Film »Mulholland Drive«; auch er ist, wenn auch nur durch das Tagebuch explizit markiert, eine solche intertextuelle – und zudem intermediale – Folie. Die folgenden Überlegungen verstehen diesen Film daher als zweites Interpretament im Zusammenspiel mit dem Andersen-Märchen. Hier gilt es, den Medienwechsel zwischen dem einen und dem anderen Interpretament und zugleich die Mediendifferenz zwischen Roman und Film zu berücksichtigen. Es geht im Folgenden um dieses trianguläre Verhältnis von Roman und den beiden Interpretamenten Andersen-Märchen und Lynch-Film und schließlich um die Art und Weise, wie der Lynch-Film als Interpretament auch das Andersen-Märchen in seiner spezifischen Funktion als Interpretament erhellen kann.

2 Die Funktion des Andersen-Märchens

Zunächst zum Andersen-Märchen: Allein seine Positionierung im Roman und im Romangeschehen gibt Auskunft über seine Funktion. Der erste Textblock des Märchens wird im 15. Abschnitt des zweiten Buches einmontiert. Zuvor, im langen zwölften Abschnitt, ist Arndt Hermannstein Zuhörer bei einem Vortrag von Sam Kurthes in Paris, in dem dieser seine Theorie des Hyperchronos, eines atopischen Raums jenseits der Zeit, entfaltet. Gleichzeitig wird erahnbar, dass der Inhalt des Vortrags, die Theorie des Hyperchronos, und nicht allein der Vortragende, Sam Kurthes, etwas mit dem Schicksal der bislang fokussierten Hauptfigur des Romans, Arndt Hermannstein, zu tun haben muss. Bevor das Andersen-Märchen – typografisch markiert – in den Text eingeschaltet wird, fällt eine andere typografische Eigentümlichkeit auf. In die Schilderung des Gesprächs mit Anne wird zum ersten Mal ein Text in kleinerer Schrifttype eingeschoben: »Perspektivwechsel aufgeben?«[4] Tatsächlich wird der Perspektivwechsel zwischen einer Ich- und Er-Erzählsituation, bezogen auf die Figur Arndt Hermannsteins, präziser gesagt, der Wechsel zwischen einer homo-, sogar autodiegetischen und heterodiegetischen Erzählung[5], aufgegeben, dafür aber ein anderer Perspektivwechsel vollzogen: Eine Nebenfigur, Anne, die ehemalige Mitschülerin von Arndt Hermannstein, die ihn in einer für ihn schwierigen Lebenssituation begleitet, wird unmittelbar danach, wenn auch nur kurz, zur Ich-Erzählerin.

Das unmittelbar danach in den Text einmontierte Märchen erzählt von einem gelehrten Mann, dessen Schatten sich von ihm ablöst, sich emanzipiert, sich den gelehrten Mann selbst unterwirft und ihn schließlich töten lässt. Arndt Hermannstein widerfährt ein Schicksal, das mit dem des gelehrten Mannes vergleichbar ist. Der Schriftsteller Sam Kurthes will einen Roman über einen Dirigenten schreiben und nimmt Arndt Hermannstein als Vorlage[6]: »Zum Schluss werden sogar die Akteure gegeneinander ausgetauscht, denn sie sind ja als Schatten des jeweiligen Kontrahenten angelegt.«[7] Stellt man aber in Rechnung, dass das Andersen-Märchen nicht wie der Kurthes-Vortrag Bestandteil der dargestellten Welt ist, also den diegetischen Rahmen durchbricht, so gewinnt auch die Bemerkung »Perspektivwechsel aufgeben?« eine zusätzliche Bedeutung. In dieser Phase des Romans wird also die Grundlage gelegt für alle Veränderungen im Verhältnis von Arndt Hermannstein und Sam Kurthes. Das Märchen macht deutlich, dass Sam Kurthes und Arndt Hermannstein in einem Verhältnis wie der Schatten und der gelehrte Mann zu sehen sind. Sam Kurthes gewinnt nicht nur die Situationsmächtigkeit, sondern er subvertiert mit der Niederschrift seines Romans, mit der Verschriftlichung von Arndt Hermannsteins Leben, mit der Transformation der Person des Arndt Hermannstein auf der Ebene der dargestellten Welt in die intradiegetische Figur des Arndt-Hermann Stein, auch dessen ontologischen Status: Sam Kurthes verwandelt Arndt Hermannstein in einen Schatten. Das Verhältnis von Schatten und gelehrtem Mann wird insbesondere von Sam Kurthes benutzt, um sein eigenes Verhältnis zu Arndt Hermannstein sowohl zu metaphorisieren als auch zu erklären. So sagt Kurthes: »Er (Arndt Hermannstein) ist im Grunde viel freier als ich. Ich war einmal ein gelehrter Mann, und frei. Jetzt nicht mehr.«[8] Und später radikalisiert er dies noch: »Arndt hat gelebt. Ich habe geschrieben. War ein gelehrter Mann, und bin nur noch der Schatten eines Schattens.«[9] Kurthes, der als Schriftsteller nur der Schatten des Dirigenten war, wird zum gelehrten Mann, aber in Wirklichkeit nur zum Schatten seines Schattens – eine zusätzliche ontologische Depotenzierung.

Dass damit auch ein intermedialer Diskurs über den Status der Künste, der Literatur hier und der Musik dort, verbunden ist, wird schon durch das Märchen selbst vorgegeben, weil es dort die Poesie ist, über die sich der Schatten überhaupt erst von dem gelehrten Mann emanzipieren kann. In einer Art von innerem Monolog kommentiert er diese Passage, indem er fragt: »Was ist die Poesie? Wo ist die Poesie hingegangen?« Und kurz darauf: »Wer ist der gelehrte Mann?« Da allerdings die Poesie den Schatten emanzipiert – mit den bekannten Folgen –, wird auch ihr tödliches Potenzial deutlich. Grundsätzlich scheint es so zu sein, dass die Musik eine primäre Kunst ist, die eng mit dem Leben und – mit Blick auf Arndt Hermannsteins Gebaren – mit dem Sex korreliert ist. Die Emanzipation des Schattens bedeutet nicht nur eine Verschriftlichung des Musikers, sondern auch die Übernahme seiner Macht über die Frauen. Allerdings ist Hermannstein Dirigent und damit im Bereich der primären Kunst selbst nur einer, der »Sekundärkunst«[10] betreibt.[11] Nun bedeutet die Sekundarisierung des Primären ohnehin schon eine Depotenzierung. Daher ist Arndt Hermannstein die ideale Vorlage für einen Verschriftlichungsakt, für einen Akt der Poesie, der den Autor von einem Schatten zu einem gelehrten Mann machen soll. In der Tat tritt Sam Kurthes zunächst als gelehrter Mann auf, er hält einen Vortrag, um sich dann aus dem Schatten Arndt Hermannsteins zu lösen und sich über ihn zu erheben. Schließlich tauschen die beiden die Rollen, so wie dies im Märchen selbst vorgegeben war. Wo zum Beispiel Arndt Hermannstein für einen falschen Pass den Namen Sam Kurthes angibt, macht Sam Kurthes einer jungen Frau, Kerstin Decker, die 20 Jahre nach den Geschehnissen, die der Roman hauptsächlich erzählt, die Wahrheit herausfinden will, ein unmoralisches Angebot. Er bietet ihr »20 000« für Sex, genau wie einst Hermannstein einer jungen Musikerin.[12] Was Kurthes nicht weiß, ist, dass diese junge Frau die Tochter von Julia/Ala und auch seine eigene Tochter ist. Dass also der Rollentausch möglich ist, zeigt auch, dass in dieser zirkulären Struktur zwar immer Depotenzierungen vorkommen, aber keine Potenzierung. Indem Kurthes aus dem Schatten von Arndt Hermannstein heraustritt (Formulierungen wie »im Schatten stehen« oder »aus dem Schatten treten« werden im Roman signifikant eingesetzt[13]) und ihn dadurch zum Schatten macht, verliert er seinen eigenen Schattenstatus nicht; er wird zum Schatten eines Schattens.[14] Zwar gewinnt Kurthes die Macht über Hermannstein, aber dafür wird immer deutlicher, dass auch er unter der Macht einer anderen Instanz steht, die der »Chef« genannt und als »Gott« tituliert wird.[15] Es ist genau jene Instanz, die sich zwischen dem Kurthes-Vortrag und dem Andersen-Märchen und später im Roman immer häufiger zu Wort meldet. In Hermannsteins letztem Gespräch vor seinem Tod gibt sich diese Instanz, deren Rede im Text typografisch immer durch Petitsetzung markiert ist, als »Helmut« und mithin als eine Transfiguration des Autors zu erkennen.

Das Andersen-Märchen ist durch die Art, wie es in den Text montiert ist, eine abismatische Einlagerung, eine metatextuelle Fiktionsstörung und mithin ein Bruch in der intradiegetischen Erzählweise und ebenso ein Bruch in der geschlossenen Ontologie der dargestellten Welt des Textes. Gleichzeitig, und das ist die entscheidende Pointe, erklärt es auch diesen Bruch. Was das Märchen erzählt, ist ein phantastisches Sujet. Ein Schatten, der sich von seinem Spender emanzipiert, verändert die Ontologie des Textes. Dieses Modell wird auf einen Roman übertragen, der bis dahin eine realistische Weltsicht geschildert hat. Wo diese durch Unerklärlichkeiten, insbesondere den Mord an einer Schülerin und durch ihr ominöses Auftauchen auf einem Klassentreffen Jahre danach, infrage gestellt wird, wird sie durch andere Erklärungsmodelle, zum Beispiel psychische Störungen bei Arndt Hermannstein, umso dringlicher wieder in Funktion gesetzt. Nimmt man nunmehr noch den Vortrag von Kurthes hinzu, so entwirft der Roman »UC« intradiegetisch einen Bruch dieser Diegese, eine innerfiktionale De-Ontologisierung, indem er eine transzendente Ebene jenseits des Romans im Roman selbst imaginiert.

Im Vortrag von Kurthes wird dies noch wortreich mit dem HC, dem Hyperchronos und seiner kaum mehr fassbaren Mehrdimensionalität umschrieben. Der HC ist ein Raum und eine Zeit jenseits der basalen Kategorien von Raum und Zeit, atopisch und achronologisch *par excellence*, eine Sphäre also, die im Rahmen der dargestellten Welt des Textes nicht denkbar ist, weil sie das Konzept einer dargestellten Welt selbst außer Kraft setzt. Daher verlässt der Roman mit dem Andersen-Märchen erstmals diesen Rahmen und liefert ein texttranszendentes, aber im Text verankertes Erklärungsmodell für dieses Undenkbare, für diesen Rahmenbruch.

3 Die Funktion des Lynch-Films

Dass die Anmerkung zu David Lynch eine ähnliche Bedeutung haben soll wie das Andersen-Märchen, ist auf den ersten Blick wenig plausibel. Dass aber mit dieser Anmerkung ein kultureller Verweishorizont ergänzt wird, der schon in den Roman Eingang gefunden hatte, wird schnell ersichtlich. Immerhin wird ein anderer Film von David Lynch explizit genannt: »Wild At Heart«[16], und auch darüber hinaus spielen Filme, der Film und das Kino im Roman eine signifikante Rolle. Anne erwähnt einen Film mit Gwyneth Paltrow, der eine, wie sie sagt, »Parallelwelt-Situation«[17] schildert, um die Situation von Arndt zu erklären. Der Titel wird nicht genannt, gemeint ist aber offensichtlich der Film »Sliding doors« von Peter Howitt aus dem Jahr 1988. Und an markanter Stelle erwähnt auch Kurthes in seinem Vortrag den Film als Erklärungsmodell des Hyperchronos: »Man muss sich das ungefähr so vorstellen: Wir drehen mit unserem Leben einen Film, dessen Ende unser Tod ist. Der Film wird danach in unendlichen vielen Kinos unendlich oft gezeigt, jeder Moment des Films ist gerade in irgendeinem der Kinos zu sehen. Und ich – der Hauptdarsteller meines Films, laufe auf der Leinwand herum, ohne Ahnung, dass ich nur ein Teil des Films bin.«[18]

Bedenkt man bei diesem Zitat, dass damit vor allem Arndt Hermannstein angesprochen wird, dass gerade sein Leben als Film metaphorisiert wird, denn immerhin erinnert er sich in der Stunde seines Todes an genau diese Kinometapher seines Lebens,[19] bedenkt man zudem, dass der Roman zugleich die Verschriftlichung dieses Lebens als Verfilmung metaphorisiert, dann ist diese Passage zugleich eine poetologische Aussage auf der Basis der Filmmetapher. Und schließlich ist der Ultrachronos selbst nichts anderes als eine Filmmetapher. Er ist jene absolute Zeit und Zeitlosigkeit gleichermaßen, die der Mensch nach dieser Vorstellung im Moment seines Todes erlebt. Wird das

Leben als Film metaphorisiert, so ist der Ultrachronos eine Filmmetapher höherer Stufe – der Film eines Films: »Gemeinhin beschrieben wird er (der UC)«, wie es im Roman heißt, »als der Film, der vor dem Auge eines Sterbenden abläuft und alles ihm Wesentliche noch einmal in Erinnerung ruft.«[20]

Wenn das Leben ein Film ist, der im Ultrachronos selbst noch einmal als Film erfahren wird, so impliziert diese Metapher an sich schon eine Medialisierung und Ästhetisierung (durch das Medium) des eigenen Lebens. Wenn aber das Leben und Sterben gleichermaßen nur im Medium des Mediums Film ästhetisch erfahrbar sind, dann werden sie eben dadurch auch ästhetisch manipulierbar und reproduzierbar. Leben und Sterben werden damit zu medialen Inszenierungen und zu Repräsentationen, denen der authentische Grund, das, was wirklich ist, verlorengegangen ist. Die Tatsache, dass Arndt eine so existenziell bedeutsame Frage wie die, ob er ein Mörder ist oder nicht, selbst nicht mehr beantworten kann, muss daher darauf zurückgeführt werden, dass er immer mehr, ohne dass er das jemals begreifen könnte, zu einer solchen medialen Inszenierung durch Sam Kurthes wird und keine – im Rahmen der dargestellten Welt des Textes – authentische Person mehr ist. Kurthes kommt auf diese Vorstellung zu sprechen und will sie – was verräterisch ist – entkräften, indem er die Differenz zwischen Original(film) und (Film-)Kopie aufgreift und verwirft: »Aber Kopie und Original sind in diesem Fall die falschen Begriffe. Jede der sogenannten ›Kopien‹ ist in jedem Moment das Original, keine empfindet irgendeine Form von Wiederholung, weil es keine Wiederholungen gibt.«[21]

Kopie und Original sind dabei ein Begriffspaar, das aus dem Filmverleih zugleich auf die – kurz darauf entfaltete – Märchenkonstellation von gelehrter Mann und Schatten übertragen werden kann. Damit ist ein erster Mechanismus benannt, der beide Texte, den Roman und den Film, miteinander vergleichbar macht. Es sind beides Texte, die ihre Figuren in eine Konstellation bringen, die die Figuren in ihre Gegenfigur kippen lässt. So wie Sam Kurthes, indem er das Leben von Arndt Hermannstein verschriftlicht und zum Roman ausarbeitet – man könnte mit explizitem Rückgriff auf eine romantische Terminologie durchaus vom Romantisieren sprechen –, so erzählt Lynch in seinem Film eine Geschichte, in der die Figuren gleichermaßen ihre Rollen tauschen. In einer ersten Großsequenz wird erzählt, wie Rita bei einem Unfall ihr Gedächtnis verliert, wie sie Betty Elms kennenlernt, die frisch aus Kanada in Los Angeles eingetroffene Schauspieldebütantin, die nicht nur sofort reüssiert, sondern Rita auch hilft, ihre Identität wiederzuentdecken. In einer ebenso drastischen wie rätselhaften Szene besuchen beide Frauen einen seltsamen Ort, an den sich Rita erinnert, ein geheimnisvolles Theater mit Namen Silencio; dort findet Betty in ihrer Handtasche ein blaues Kästchen, zu dem Rita den Schlüssel besitzt. Nach Hause zurückgekehrt, verschwindet Betty plötzlich, und Rita nutzt den Schlüssel, um das blaue Kästchen aufzusperren. Die Kamera fährt in das schwarze Loch des Inneren des Kästchens, und mit dem Schwarzfilm verändert sich die Welt vollkommen. Rita ist verschwunden. Vorgänge werden gezeigt, die der Zuschauer an dieser Stelle nicht deuten kann. Und schließlich tragen dieselben Schauspieler nunmehr die Namen anderer Figuren, haben ihre Identitäten und ihre charakteristischen Eigenschaften getauscht, und insbesondere hat sich das Verhältnis von Betty und Rita verändert. Betty heißt jetzt Diane Selwyn, ist eine in der Traumfabrik gescheiterte Existenz, Rita ist die große und erfolgreiche Schauspielerin Laura (!) Elena Harring.

Überblendet man – um die Filmmetapher produktiv zu verwenden – beide Geschichten, so zeichnet sich der Kern des Sujets ab: Im Blickfeld stehen dabei die beiden zentralen Figurenrelationen: Arndt Hermannstein und Sam Kurthes bei »UC«, Betty und Rita in »Mulholland Drive«. In beiden Fällen geht es um eine Verwandlung einer Figur im Zuge eines medialen Prozesses, um den Austausch einer Figur durch eine andere, eine Konfiguration und Refiguration identitätsstiftender Merkmale und mithin um eine radikale Infragestellung der Konstitution des Subjekts als Instanz einer Identität im Zuge seiner medialen Verarbeitung.

Beide Texte jedoch situieren diesen Umschlagspunkt in einer zirkulären Struktur, die deutlich macht, dass dann, wenn die Erzählungen ihren eigenen Ausgangspunkt wieder eingeholt haben, sich zugleich die Voraussetzungen und Effekte des Konflikts radikal verändert haben. Dreimal bekommt der Leser im Roman »UC« jenen Anfang um 6.30 Uhr zu lesen: im Preludio, das sich zugleich als Postludio ausgibt, und im Kontext eines Interviews, als Kurthes vor einem Fernsehtermin eben diesen ersten Satz – nota bene: in die Kamera – liest.[22] Was der Leser in den ersten drei Büchern gelesen hat, ist der Roman »UC« von Sam Kurthes, wie nachträglich insinuiert wird.

Diese Verschränkung der Teile (Bücher) des Romans in einer Konstellation von Binnen- und Rahmenerzählung bietet der Film nicht. Doch auch hier verbinden sich Zirkularität und Autoreflexion; schließlich ist »Mulholland Drive« auch ein Film über die Traumfabrik Hollywood, mithin über die eigenen Entstehungsbedingungen, und ein Film über das Filmemachen, wie es an der Figur des Regisseurs Adam Kesher vorgeführt wird. Daher bietet es sich an, die beiden Großsequenzen, den ersten und zweiten Teil des Films, gleichermaßen in ein Verhältnis von Objekt- und Metaebene und analog zum Roman in ein Verhältnis von Binnen- und Rahmenerzählung zu bringen, zum Beispiel mit der Annahme, der erste, wesentlich längere Teil sei die exquisite Rachephantasie der gedemütigten Diane Selwyn.

4 Die Mediendifferenz von Lynch-Film und Andersen-Märchen

Der Vergleich der beiden Interpretamente, Lynch-Film und Andersen-Märchen, wird gerade dort interessant, wo ihre Medienspezifik ins Spiel kommt, wo die Mediendifferenz nun selbst konzeptionelle Bedeutung gewinnt. Der Blick auf die Mediendifferenz erlaubt es, die medialen Bedingungen und die medialen Implikationen der jeweiligen Umsetzung dieses Umschlagspunktes zugleich zu einer Interpretation jener Konzeption zu nutzen, die – so die Annahme – sowohl Roman als auch Film zugrunde liegen.

Wo im Buch ein eher schleichender Prozess der Verschriftlichung geschildert wird, wird im Film der Umschlagspunkt zwischen den beiden Geschichten als visuelles Erlebnis der momentanen Aufhebung von Visualität inszeniert: der Blick der einen Protagonistin, Rita, in eine Blackbox *par excellence*, die zudem noch mit ihrer blauen Farbe an das Bluescreen-Verfahren des Films erinnert. So wie Rita am Ende einer Entwicklung steht, so steht auch dieser Akt der Aufhebung von Visualität am Ende einer kleineren Sequenz, die die Problematik des Verhältnisses von Betty und Rita vor allem auf der visuellen Ebene gestaltet. Betty und Rita sind zunächst unterschiedliche Frauentypen, markiert durch die Haarfarbe: die eine blond, die andere dunkelhaarig. Als die Suche nach der verlorenen Identität von Rita in die entscheidende Phase tritt, kurz bevor die Frauen das Theater Silencio besuchen, in dem Betty das blaue Kästchen zum passenden Schlüssel Ritas findet, schneidet sich Rita in Verzweiflung die Haare ab und setzt sich schließlich eine blonde Perücke auf. Im Spiegel betrachten sich beide Frauen. Für sie wie für den Zuschauer wird der typologische Assimilationsprozess deutlich. In dem Maße, wie sich Rita Betty angleicht, in dem Maße kommt sie dem Rätsel ihrer eigenen Identität näher, in dem Maße wird Betty unwichtiger und verschwindet dann auch konsequenterweise aus dem Bild.

›Offensichtlich‹ wird die eigene Identität auch und vor allem visuell markiert. Dabei sind zwei gegenläufige Tendenzen auszumachen: Die idealistische Tradition sieht einen unbedingten Zusammenhang zwischen Identität und Individualität. Eine Identitätsstörung hingegen wird an der Verdoppelung von Figuren ablesbar. Nur solche Figuren, so ist daraus abzuleiten, können sich ihrer Identität gewiss sein, die absolut singulär und individuell sind. Damit wird deutlich, dass Betty nicht die Figur ist, die Rita bei ihrer Gedächtnisstörung und mithin bei ihrem Identitätsverlust hilft, sondern Betty ist selbst das Symptom dieser Störung. Indem sich die beiden Figuren immer ähnlicher werden, sich visuell assimilieren, verstärken sie den Effekt der Verdoppelung nur noch: so in der genannten Spiegelszene, wo nicht nur zwei blonde Frauen nebeneinanderstehen, sondern diese durch den Spiegel selbst noch einmal als verdoppelte ›angesehen‹ werden müssen.

Von hier aus lassen sich zwei Linien, einmal zu »UC« und einmal zum Andersen-Märchen, ziehen. Schon auf der Textoberfläche des Romans ist überdeutlich, dass sich hier auffallend häufig und extrem prononciert ganz ähnliche Konstellationen finden lassen: zwei Frauen, die identisch und eben doch nicht identisch sind. Doch an die Stelle der Kamera wie im Film ist hier Arndt Hermannstein als Beobachter getreten. In London begegnet Arndt Hermannstein einer Prostituierten mit Namen Nancy, die ihn an seine Schulfreundin Iris erinnert. Obschon beide Frauenfiguren vom Alter her nicht identisch sein können, verhält sich Nancy auffallend abweisend und verstärkt damit Hermannsteins Verdacht einer Identität.[23] Dies ist nur der erste Fall, dem weitere folgen. Dass Hermannstein mit Iris alias Nancy dieses Problem mit der Wahrnehmung der Identität der Frau hat, wiederholt sich noch einmal mit seiner eigenen Frau Laura (!). Am Telefon begegnet sie ihm als liebende, verzeihende Partnerin, etwas später direkt als aggressive und verletzte Noch-Ehefrau, die die Scheidung will. Wie es dazu kommt, ist Arndt Hermannstein unerklärlich. Er spricht daher auch von den »beiden Lauras« und bringt sie explizit in Verbindung mit der Geschichte um Iris/Nancy.[24] Dieses Wahrnehmungsproblem weiblicher Identität wird vor allem in der Mordgeschichte relevant. In Arndt Hermannsteins Imagination war die Jahre zuvor ermordete Marita erst vor Kurzem auf einem Klassentreffen ›erschienen‹, was abermals die Verdoppelung einer Frauenfigur mit sich bringt. Die Verdoppelungen der Lauras und der Maritas hängen nicht nur untereinander zusammen. Da es sich um ein Wahrnehmungsproblem von Arndt Hermannstein handelt, schlagen diese Verdoppelungen auf ihn zurück: »(U)nd wenn es zwei Lauras gibt, die voneinander nichts wissen, und vielleicht sogar zwei Maritas, dann existieren womöglich auch zwei Arndt Hermannsteins, für jede Laura und jede Marita einer.«[25]

Die Wahrnehmung gedoppelter Figuren führt also selbst zur eigenen Aufspaltung, sie ist bereits als Symptom für die Spaltung der wahrnehmenden Figur zu werten. Die fremde und die eigene Aufspaltung bedingen sich wechselseitig. Kraussers Werk, nicht nur der Roman »UC«, wartet mit einer Vielzahl solcher Spaltungsfiguren auf. Nicht immer muss die Spaltung in dieser komplexen Weise wechselseitig erfüllt sein. Man denke nur an Hagen Trinker und Herodes in »Fette Welt« (1992), an Prof. Krantz und Castiglio beziehungsweise an Andrea und Täubner in »Melodien« (1993) oder schließlich an Konrad Johanser und Benedikt Henlein in »Thanatos« (1996). Solche Spaltungen sind immer ein Symptom einer grundlegenden Störung der eigenen Identität, ihrer Wahrnehmung und ihrer Wahrnehmbarkeit durch die anderen, durch die soziale Umwelt. Wenn aber Identität durch Wahrnehmung bedingt ist, wenn Identität nur als wahrgenommene im vollen und emphatischen Sinne Identität ist, dann hat die mediale Vermittlung, die die Wahrnehmung trägt, leitet, dabei auch normiert und ihren Bedingungen unterwirft, eine konstitutive Funktion für die Identität. Es gilt: Identität ist wahrgenommene Identität, wahrgenommene ist medial vermittelte Identität. Identität ist demnach ein Effekt medialer Differenzierung. Diese Wahrnehmung ist aber vor allem – auf der Basis des dominanten Sehsinnes – visuelle Wahrnehmung. Vor diesem Hintergrund jedoch gewinnt nunmehr die Mediendifferenz zwischen Buch und Film ein besonderes Gewicht. Wenn Identität auf der Visualität ihrer Wahrnehmung gründet, so muss ein Film als dominant visuelles Medium (ganz) andere Darstellungsmöglichkeiten haben als ein Roman. Und es gibt wohl nicht viele bessere Beispiele als den Film »Mulholland Drive«.

Wäre also die Romankonzeption dort stehengeblieben, wo man das Verhältnis Betty und Rita beziehungsweise Betty und Diane mit dem von Arndt Hermannstein und Sam Kurthes überblenden kann, so wäre der Roman in der Tat nur eine Nachkonstruktion des Films gewesen. Vielleicht ist damit jene Fassung von 1997 charakterisiert, die Krausser erwähnt. Eine solche Fassung wäre sogar noch hinter den Film zurückgefallen, der die Differenz von Betty und Diane über die Identität der Schauspieler ins Bild setzen, visuell inszenieren und damit die Visualität des Mediums Film, seine mediale Voraussetzung, nun selbst zum Sujet der erzählten Geschichte machen kann.

Noch verstärkt wird diese Mediendifferenz, wenn man sie zwischen Buch und Film auf die mediale Verschränkung der beiden Interpretamente überträgt. Blickt man jedoch genauer auf die medialen Grundlagen, so schält sich genau jene Option heraus, die Krausser als ein, zwei, fünf oder sechs Scheite mehr bezeichnet und die er dann mit »UC« auch konsequent umsetzt. Auch das Andersen-Märchen erzählt von einer erheblichen Störung der Identität, die schließlich im Identitätsverlust endet, wie bei Arndt Hermannstein oder Diane Selwyn, die sich beide umbringen. Es wählt dazu seinerseits eine visuelle Metapher, nämlich die Zusammengehörigkeit von Mensch und Schatten als Zeichen einer intakten Identität der Person beziehungsweise das Auseinandertreten von Mensch und Schatten, die Emanzipation oder Dezession des Schattens vom Menschen als Zeichen einer gestörten Identität.

Neben dem Doppelgänger beziehungsweise der Verdoppelung einer Figur ist der Schatten eine Option der visuell nachvollziehbaren und codierten Darstellung defekter Identität, die auf eine lange Tradition zurückblicken kann. Und man könnte – wie Walter Rösler dies tut – »Spiegelbild, Schatten, Foto, Namensdoppelgänger, Zwillinge, Traumgestalten« als Verkörperungen des Doppelgängers ›ansehen‹ und den vielfältigen Verästelungen dieser Metaphorik folgen.[26] Andersens Märchen verweist wiederum auf die wohl berühmteste Schattengeschichte, Adelbert von Chamissos Novelle »Peter Schlemihls wundersame Geschichte« aus dem Jahr 1812. Daneben fungiert auch das verkaufte, selbständig gewordene oder verzerrende Spiegelbild als traditionsreiche Option einer solchen visuellen Codierung. In E.T.A. Hoffmanns Erzählung »Die Abentheuer einer Sylvester-Nacht« aus dem vierten Band der »Fantasiestücke in Callot's Manier«, 1815 erstmals veröffentlicht, werden beide Optionen aufgegriffen. Der Ich-Erzähler, der reisende Enthusiast, trifft auf zwei weitere Figuren, die beide jeweils eine dieser Optionen verkörpern. Die eine Figur hat keinen Schlagschatten; die andere Figur, Erasmus Spikher, hat kein Spiegelbild mehr. An diesen Buchtexten wird deutlich, wie lange vor dem Film die Literatur auf solche visuellen Metaphern zurückgreift. Kein Wunder also, dass der Film, als er sich ab 1900 im Genre des Spielfilms neu etabliert, auf jene romantischen Sujets einer visuellen Codierung defekter Identität zurückgreift, wie zum Beispiel der Film »Der Student von Prag« von 1913 von Stellan Rye, für dessen Drehbuch der Autor Hanns Heinz Ewers auf Hoffmanns Erzählung zurückgegriffen hat.

Auch und gerade der moderne Mainstream-Hollywoodfilm, zu dem auch Lynchs »Mulholland Drive« gezählt werden darf, nutzt diese Metaphorik mehr denn je. Erwähnenswert ist in dem hier verhandelten Zusammenhang in jedem Fall auch der Film »Fight Club« von David Fincher von 1999. In diesem Film spielen zwei Schauspieler die zwei Seiten ein und derselben Figur. Man könnte dies als Interpretationsangebot verstehen, das sich auch bei »Mulholland Drive« fruchtbar machen ließe, indem man Betty und Rita als die zwei Facetten einer möglichen Hollywood-Karriere begreift. Aber noch in einem anderen Zusammenhang ist »Fight Club« aussagekräftig. Am Ende des Films begeht diese Figur Selbstmord. Der Selbstmord hat aber nicht zur Folge, dass die Figur stirbt, sondern ihr Gegenüber, sodass der Selbstmord zur Wiederherstellung der Identität der Figur beiträgt. Im Film »Der Student von Prag« hat man es mit einer inversen Konstellation zu tun. Der Student Balduin hat sein Spiegelbild verkauft, das sich daraufhin, wie der Schatten in Andersens Märchen, emanzipiert und Balduin in Bedrängnis bringt. Um sich aus dieser extrem misslichen Lage zu befreien, erschießt Balduin sein Spiegelbild. Der Mord am Spiegelbild erweist sich jedoch als Selbstmord. Einen ähnlichen Schluss wählt Jewgeni Schwarz in seiner Adaption des Andersen-Märchens »Märchenkomödie für Erwachsene« (es ist vermutlich jene Fassung, die Laura Arndt erzählt und deren Ballettfassung er dirigiert hat[27]). Der Schatten lässt den gelehrten Mann köpfen, um daraufhin feststellen zu müssen, dass er, als dessen Schatten, nun selbst kopflos ist. Damit gilt für alle visuellen Codierungen, was Walter Rösler über den Spiegel schreibt: »Der Spiegel bestätigt die Identität des Individuums und stellt sie gleichzeitig in Frage.«[28] Wenn aber sowohl die Behauptung und die Konstitution als auch die Infragestellung und Auflösung der Identität ein visuelles Spiel und eine visuelle Inszenierung sind, welche Möglichkeiten hat dann die Literatur noch, die eigene Medialität der Schrift so ins Spiel zu bringen, dass sie nicht nur das Visuelle schriftlich und abkünftig revisualisiert? Das ist genau die Frage nach den ein, zwei, fünf oder sechs Scheiten. Und vor diesem Hintergrund wird nun deutlich, welche Option der Roman »UC« wählt, wie er die Eigentümlichkeit der Schrift und der Literatur ins Spiel bringt und welchen konzeptionellen Mehrwert er gegenüber dem Film realisiert.

Wo im Film ein visueller Assimiliationsprozess stattfindet, wird im Buch von einem Verschriftlichungsprozess erzählt. Aber das sind keine medienspezifischen Analogien: Visualisierung im Film, Verschriftlichung im Roman, sondern mediale Prozesse von grundlegender Differenz. Denn mit der Visualisierung entsteht kein neuer Film; wohl aber entsteht mit der Verschriftlichung des Lebens von Arndt Hermannstein ein Text, der zugleich der Romantext ist, wie der Leser seit dem vierten Buch weiß. Aus der visuellen Not macht der Roman eine schriftliche Tugend, indem er einen Verschriftlichungsprozess, einen genuin schriftlichen Prozess beschreibt und die Beschreibung des Prozesses mit dem Produkt dieses Prozesses und somit eben dieser Beschreibung zusammenfallen lässt.

Diese Binnendifferenzierung kann nun aber das Buch aufgrund seiner – schriftlichen – Medialität als Spielmaterial nutzen, um eine weitere Differenz und damit eine weitere Ebene einzuführen. Der Text kann also das Verhältnis von Binnen- und Rahmenerzählung nutzen und diese Konstellation selbst wiederum einrahmen, indem er eine texttranszendente Position eines sich Helmut nennenden Gottes imaginiert – eine Option, die dem Film schlechterdings nicht zur Verfügung steht, weil sich das Bild nicht selbst – also allein nur aufgrund seines Abbildcharakters – in eine Metaposition zu einem anderen Bild bringen kann. Der Text bewerkstelligt dies – eine entsprechende semantische Vorbereitung vorausgesetzt – allein durch seine typografische Markierung. Die Petitsetzung markiert in allen Formen über den gesamten Roman hinweg diese Texttranszendenz. Aus diesem spannungsreichen Verhältnis zwischen Geschichte und Roman der Geschichte, zwischen Prozess und Produkt entspringt dann eine neue Ebene, die als solche im Rahmen der dargestellten Welt des Textes nicht erkannt werden kann, die aber über den Text hinaus gerade beide vorgängigen Ebenen miteinander vermittelt. Der Ebenenüberstieg von der Objektebene der erzählten Geschichte zur Metaebene eines Romanprojekts eines Autors, der im ersten Teil selbst nur als Figur vorkommt, damit von der Binnen- zur Rahmenerzählung, bereitet den letzten, radikalen Ebenenüberstieg auf die Ebene des fiktionsimmanenten und ebenso transzendenten Autors vor, der sich innerhalb der von ihm erzählten Geschichte, wie gezeigt, als Gott ausgeben kann. Damit entsteht ein Dreiebenenmodell, das zwischen der immanenten Objektebene um Arndt Hermannstein, der immanenten Metaebene um Sam Kurthes und der texttranszendenten Metaebene um Helmut unterscheidet. Helmut ist damit transzendent und immanent zugleich – eine konzeptionelle Paradoxie, die kein Bild mehr abbilden kann. Daher verwundert es nicht, dass Helmut beide Ebenen miteinander vermitteln kann und dass sowohl Arndt Hermannstein als auch Sam Kurthes als biografische Projektionen des Autors gelesen werden können.

Die Inszenierung des Autorgottes, der damit Teil der Konstellation von Arndt Hermannstein und Sam Kurthes wird und doch schon immer über sie hinausgeht, ist genau jener Mehrwert in der Konzeption des Romans »UC« gegenüber dem Film »Mulholland Drive«. Damit erschöpft sich der Roman nicht – wie der Film – in einer Verschränkung von erzählter Geschichte und spezifischen medialen Umsetzungsmöglichkeiten. Dieser Zusammenfall von erzählter Geschichte (Romanprojekt) und seines medialen Vollzugs (Verschriftlichung) dient selbst wiederum vielmehr einer Strategie, deren Ziel darin besteht, genau diese paradoxe Position des Autorgottes Helmut zu installieren. Für Helmut gilt dann dasselbe, was sein fiktionaler Autor Sam Kurthes über den Hyperchronos sagt: Er befindet sich nicht nur an einem atopischen Topos, er ist dieser atopische Topos selbst. Der Hyperchronos ist nur die Text gewordene atextuelle Position des Autorgottes, wie es Krausser selbst deutlich formuliert: »Es gibt für eine Romanfigur tatsächlich so etwas wie einen Hyperchronos – das ist die reale Welt des sie erschaffenden Autors.«[29] Und weiter: »Der Autor eines Buches ist für die Romanfiguren nun mal so etwas wie ein Gott, darin liegt doch keine Anmaßung.«[30] Und gerade deswegen dient eine Geschichte, die genau dies wiederum zu ihrem Sujet macht, die Geschichte um die gestörte Existenz des durch den Autor Sam Kurthes Romanfigur gewordenen Dirigenten Arndt Hermannstein, so wunderbar dem einen Zweck: der Inthronisation von Helmut als Gott, der Sakralisierung des Autors. Das sind wohl mehr als ein, zwei, fünf oder sogar sechs Scheite und mehr als ein »Gag mit dem Maximus Creator«.[31]

1 Helmut Krausser: »Januar. Februar. Tagebuch des Januar 2001. Tagebuch des Februar 2002«, Reinbek 2003, S. 225. Auch im Tagebuch des März 2003 weist er noch einmal darauf hin; vgl. ders.: »März. April. Tagebuch des März 2003. Tagebuch des April 2004«, Reinbek 2006, S. 108. — **2** Krausser: »Januar. Februar«, a. a. O., S. 225. — **3** Krausser: »März. April«, a. a. O., S. 109. — **4** Helmut Krausser: »UC«, Reinbek 2003, S. 231. — **5** Im Sinne von Gérard Genette; vgl. hierzu Matias Martinez und Michael Scheffel: »Einführung in die Erzähltheorie«, München 1999, S. 82. — **6** Krausser: »UC«, a. a. O, S. 309. — **7** Krausser: »März April«, a. a. O., S. 97. — **8** Krausser: »UC«, a. a. O., S. 382. — **9** Ebd., S. 449. — **10** Ebd., S. 54. — **11** Ebd., S. 217, 289. — **12** Ebd., S. 15, 451. — **13** Vgl. ebd., S. 259, 465. — **14** Ebd. — **15** Ebd., S. 368, 400, 440, 445, 448 und 464. — **16** Ebd., S. 40. — **17** Ebd., S. 120. — **18** Ebd., S. 205. — **19** Ebd., S. 470. — **20** Ebd., S. 311. — **21** Ebd. — **22** Ebd., S. 7, 342 und 459. — **23** Ebd., S. 302. — **24** Ebd., S. 109, 270 und 302. — **25** Ebd., S. 120. — **26** Walter Rösler: »Nachwort: Die Welt der Doppelgänger«, in: ders. (Hg.): »Doppelgänger Geschichten. Ein literarisches Lesebuch«, München 2002, S. 209–248, hier S. 209. — **27** Krausser: »UC«, a. a. O., S. 163. — **28** Ebd. — **29** Krausser: »März April«, a. a. O., S. 47. — **30** Ebd., S. 48. — **31** Ebd.

Albert Ostermaier

Gebrochene Worte, geflügelte Herzen

»Und laß uns die Gespräche rascher treiben«, schreibt Brecht in seiner »Entdeckung an einer jungen Frau«. »Denn wir vergaßen ganz, daß du vergehst.« Helmut Krausser ist ein Dichter der Vergänglichkeit, ein Schattensammler, seine Zeilenenden sind Abgründe hinter Klingen, er ist ein dunkler Sprachmusiker mit einem hellblitzenden Herzen. Seine Gedichte sind, um es weiter mit Brechts Worten zu sagen, ein Gemisch »von scharfen Likören / Mit bittren ersoffenen Fliegen darin«. In seinen Tagebüchern schneiden seine unerbittlichen Tiefenschärfeblicke durch die glatten Oberflächenglückseligkeiten unserer Zeit, er fährt hinein in die »schwarzen Städte« und ist »mit kalten Sprüchen innen tapeziert«.

Helmut Krausser ist einer der mutigsten Dichter, die ich kenne. Zugleich ist er auch, und das widerspricht sich nicht, sondern bedingt sich vielleicht sogar, einer der zärtlichsten Dichter, denn er hat auch keine Angst vor den Vergänglichkeiten der Liebe, wie sie auch Brecht nicht kannte, wenn er ihr nachschrieb: »Drum weiß ich nichts von ihr als, ganz von Nacht zerstört / Etwas von ihrem Knie, nicht viel von ihrem Hals / In schwarzem Haar Geruch von Badesalz«. Helmut Kraussers Gedichte sind Gegensätze, Sätze gegen das Einverständnis, gegenwärtig bis zur Schmerzgrenze und über sie hinaus, sie sind das Salz in offenen Wunden, denn nichts soll vergessen oder verborgen bleiben, und wenn du sie gelesen hast, weißt du: »jeder schnitt / schließt sich über dir«, »alle narben heilen ab«, aber sie bleiben die Zeilen, die das Leben auf der Haut hinterließ wie eine auffordernde Erinnerung, daß das Blatt nicht mehr leer ist und zu Ende geschrieben werden muß gegen alle Widerstände.

Man wird Helmut Kraussers Lyrik nicht gerecht, wenn man ihn in klassische Rezeptionsrahmen zwängen, ihn an die Wand stellen und dann festnageln will auf einen Eindruck. Krausser ist immer schon ein anderer, seine Augenblicke sind Blickwechsel, seine Versfüße aufgeladen mit Fliehkraft, sein Plasma kocht, seine Worte sind unter Wechselstrom, sie schlagen aus, wenn man sie berühren will und fahren unter die Haut, wenn man sich berühren läßt, schnelle Satzfolgen durchzucken einen und reißen einen aus der taubstummen Trägheit der gängigen Lyriklektüre. Kraussers Gedichte entziehen sich der selbstgefälligen Haltungsnotengeberei einer Kritik, die im Warmen sitzt und draußen der magersüchtigen, herangezüchteten Germanistiklyrik bei ihren Flugversuchen zusieht, wie sie sich durch die klirrende Kälte schlottert, aber immer brav in den vorgegebenen Bahnen bleibt und punktgenau auf der Erwartung landet. Kraussers Gedichte dagegen brechen aus, brechen ein, brechen ab, brechen durch. Wenn Uwe Johnson wünschte, man solle seine Romane so langsam lesen, wie er sie geschrieben hat, dann muß man Kraussers Lyrik so emotional und mit offenen Sinnen, Augen und Ohren lesen, wie er sie verfaßt hat. Das ist ganz unwissenschaftlich, ganz unkorrekt, das gehört sich nicht, aber diese Lyrik gehört niemandem, und wenn, der Emotion. Und die Leseanleitung dafür gibt er indirekt gleich selbst: »du hast mein herz herausgerissen, / getreten, an die wand geschmissen, / und – als wärs noch nicht genug – / darauf gespuckt, gepißt, geschissen, / mein herz, das immer für dich schlug.«

Diese Gedichte packen einen, am Herzen oder an der Gurgel, man muß aufschreien vor Freude, vor Wut, man wirft sie in die Ecke oder wirft mit ihnen alles über den Haufen, was man bislang als gesichert feierte, überwirft sich mit der Welt, den Freunden, den Übereinkünften, findet das eine unterirdisch peinvoll und das nächste überirdisch schön, lacht beim einen wider Willen (Lachen ist ja fast immer noch tabu bei Lyrik) und beim nächsten trotzdem nicht, bestaunt das Handwerk und staunt doch am meisten, wenn es so ist, als ob keine Hand am Werk gewesen wäre. Die meisten der Gedichte sind nicht ansprechend, sondern sprechen einen ganz unvermittelt an wie ein Fremder auf der Straße, flüstern ins Ohr wie Liebende, schreien sich im Sonnenlicht die Seelenfinsternis aus der Brust, hauen einem im Streit die Laute um den Kopf und feiern ihre Stärken im Leisen. Sie kommen nah, wenn sie sich wegträumen, sie kehren zurück wie ein Refrain und lassen nicht los, wo sie Freiheit versprechen. Sie bringen einen fast um oder nur um den Verstand, zumindest um die Ecke. Und wenn alles auf der Stelle tritt, heben und senken sie das Herz, hören seine Töne ab, hören, ob es stillsteht und setzen dann an zum präkordialen Faustschlag.

Helmut Kraussers Lyrik ist teuflisch gut oder himmlisch daneben, sie ist höllisch ernst oder göttlich komödiantisch, und selbst wenn sie scheinbar infantil ist, ist sie im Abgang noch infernalisch genug. Sie ist ein Fanal: Daß da einer ist, der sich von niemanden das Maul oder einen Kalauer verbieten läßt und sich keinen Deut um Deutungen schert, der, wenn er provoziert, evoziert und sich einfach, wenn er um eine Frau oder ein Reimpaar wirbt, einen Scheißdreck darum ziert, was das Gewerbe goutiert und was nicht. Er war schon immer eher vermessen als angemessen, er lacht mit der Faust statt sich ins Fäustchen, ist lieber besessen oder verlassen als mit allen guten Geistern festgesessen: »wird mir klar, daß jeder, der / an sich festhält, weder er / noch irgendjemand sonst ist«.

Krausser ist ein anarchischer Chronist und chronischer Anarchist, er hat kein lyrisches Ich, sondern ein lyrisches Ego, das einen Kopf hat zu behaupten und um die Welt kreist, wenn es sich um sich und in die schwindligen Abgründe dreht.

Wer aber denkt, daß er Helmut Krausser versteht, hat ihn schon falsch verstanden. Es bleibt immer etwas, das sich entzieht, zurückzieht beziehungsweise: Er ist wie Lucky Luke, er zieht immer schneller, schneller selbst als sein Schatten, als alle seine Schatten und Schattenspieler. Er ist Herz-, Hals- und Zeilenbrecher und das alles gleichzeitig und auch wieder im nächsten Augenblick so atemberaubend einfach wie Horaz, wenn der ein Tier im Stein auf der flachen Hand beschaut oder anhand eines gebrochenen Grashalms die Fallstricke des Lebens erklärt.

Früher hätte man Helmut Krausser als Universalgenie verehrt, als schwarzen Romantiker; heute nennt man ihn häufig einen Virtuosen, lobt seine Virtuosität. Ja, er ist gebildet wie kaum einer, er kann fast alles und sich auch gernhaben lassen. Er ist eine Enzyklopädie, ein Alleswissenfresser und gießt das elegant in schlanke Verse oder kotzt es aufs Papier, nachdem er sich mit der Schreibfeder den Rachen gekitzelt hat. Er ist ein Beglücker und manchmal ein Verunglückter am Leben, an seinen Läufen und Larven.

Ich muß bei seinen Gedichten aber vor allem an einen denken: Odysseus. Diese Gedichte sind für mich im besten Sinne Reisegedichte, Gedichte *on the road*. Da ist einer auf seinen Irrfahrten, gepeitscht von Sehnsüchten, Intrigen, Wellen, Untiefen, Verführungen, Verwünschungen, geprüft, geschlagen, verdammt, begehrt, entführt, da besteht einer seine Abenteuer und sucht sie, wo er nur kann. Diese Gedichte sind Reisen durch Zeiten, Formen, Biographien, sie schlagen sich durch und schlagen Wellen, tauchen unter und tauchen unvermittelt auf, da sind Einäugige und Hartherzige, Sirenen und Meerenge, Zauberinnen und grunzende Gefährten, da sind Todesmelodien und Sphärenklänge, Metamorphosen und Metastasen, Amor und Amok. Krausser läßt sich kein Wachs ins Ohr tropfen, vielmehr sind seine Gedichte wie Wachs, das auf die Haut tropft. Dieser Odysseus ist immer unterwegs, hinfort und doch auch auf der Suche nach dem Rückweg, natürlich muß er die Rivalen atomisieren, den Teufel an die Wand malen, um zum Überleben schlauer und listenreicher als alle anderen zu sein und, wenn er nicht vom Fleck kommt, mit einem geflügelten Wort weiterkommen. Er reist durch Wälder tief und dunkel, ohne Schlaf, aber mit einem Versprechen im Herzen, auf den Lippen, unter den Lidern, der Rückweg ist lang. Er schreibt seine Gedichte auf Innenschenkel einer Geliebten, auf den Handrücken eines Toten, auf Bierdeckel oder einfach in den Wind, er schreibt sie nachts im Rom Cäsars an die Wand wie Menetekel oder zum Spott, er schreibt sie im Rausch oder berauscht, beseelt oder ganz seellos, schnell oder unendlich langsam von Atemzug zu Atemzug, er reist in Zeilen, fällt über sie oder läßt sich von ihnen tragen. Er schaut, welche Stunde es geschlagen hat, oder schaut tief in die Herzen. Diese Gedichte sind all die Menschen, die er auf seiner Odyssee getroffen, berührt, verführt, betrogen, betört, verstört, besungen oder angebrüllt, verehrt oder entehrt hat, die er totschweigen wollte oder zum Leben erwecken. Manchmal hält er inne für die Ewigkeit, und dann ist ihm im nächsten Moment die Ewigkeit zu lang für ein Leben. Manche Gedichte haut er in Stein, manche haut er mit dem Stein, manche schreibt er in den Sand, wenn sie unvergänglich sein sollen, manche meißelt er in Marmor, wenn sie für das Vergessen gedacht sind. Alles sticht ihm ins Auge, und er wirft ein Auge auf alles, was es einfangen kann. Und tief blickt er in die Menschen, wenn er sich von ihnen erzählen läßt, wenn er sie beobachtet, wenn sie aus der Haut fahren, damit er in sie kriechen kann, wenn sie kein Wort verlieren, das er nicht finden könnte und betrachten wie einen Schmetterling, der aus der geschlossenen Faust ins Licht taumelt. Diese Gedichte, die ich liebe, sind Menschen- und Momentdramen, »basisgeschichten aus dem archiv / der tauschgeschäfte mensch«; es sind Filme, in schnellen, scharfen Seelenschnitten erzählt, und alle sind sie mit einer Musik befeuert, die aus der Sprache kommt und die wie ein Sehnen immer weiter treibt dem zu, das sich entzieht, wenn wir danach greifen; und greifen doch nicht ins Leere, sondern schöpfen und erschöpfen uns aus dem Vollen, dem Möglichen, und trotzen der Unmöglichkeit vor Augen. Dieser Odysseus setzt gegen die Ohnmacht die Sprachmacht, das beredte Schweigen gegen die geschwätzige Verschwiegenheit, er achtet nicht darauf, was man zu sagen hat, sondern hat etwas zu sagen. Auf seiner Reise ist das Gedicht ihm alles: Schiff, Flügel, Segel, Schwert, Pumpgun, Sonnenbrille, Wagen, Mikroskop, Brennspiegel, Mülltüte, Programmzettel, Einkaufsnotiz, Abschiedsbrief, Bedienungsanleitung, Traumprotokoll, Kassiber. Es sind Gedichte nach Gelegenheiten, aber keine Gelegenheitsgedichte. So wie wir auch je nach Situation anders sprechen und uns geben. Dieser Odysseus macht alles das mit Gedichten, was sie mit ihm machen, und das ganz ungefiltert, denn man soll den Rauch in der Lunge spüren, den Teer, der bleibt, wenn das Papier verbrannt ist.

Und die Gedichte passen sich dem Ort, dem Gegenüber, der Gegenwart und den Geistern an, sie haben alle Seiten, die ein Leben hat, und zugleich alle Saiten eines göttlichen Instruments, seien sie aus Schafsdarm oder Stahl.

Und bei einigen Gedichten hört man, wenn man sie ans Ohr hält, nicht nur die Wellen, sondern auch sein Herz schlagen, wenn es sie bricht.

Tom Kindt

»Dies verschränkte Nebeneinander von Alltag und All«

Annäherungen an Helmut Kraussers Texte für das Theater

»Ich möchte mehr sein als nur ein großer Schriftsteller. Ich möchte zwölf große Schriftsteller sein.«[1] Auch wenn Helmut Krausser dies in seinem Tagebuch des Dezember 1999 nicht ohne Ironie bekennt, so lässt doch bereits ein oberflächlicher Blick auf sein Werk deutlich werden, dass die betreffende Notiz nicht als bloßer Scherz einzustufen ist. Eines der markantesten Merkmale des Werkes, das er in den vergangenen zwei Jahrzehnten vorgelegt hat, ist eine Vielgestaltigkeit, die nicht allein in der deutschsprachigen Gegenwartsliteratur ihresgleichen sucht: Krausser ist Romancier und Novellist, Lyriker und Diarist, Verfasser von Theaterstücken und Hörspieltexten, Autor von Drehbüchern, Short Stories und Libretti. Und er ist all dies mit einer Souveränität und Produktivität, dass durchaus der Eindruck entstehen kann, hier sei nicht ein Autor, sondern ein ganzes Autorenkollektiv am Werk.

Schaut man sich Kraussers Werk etwas genauer an, stellt man freilich schnell fest, dass dessen bemerkenswerte generische, formale und stilistische Vielfalt mit großer thematischer und konzeptioneller Geschlossenheit einhergeht. Die Mitarbeiter des Schriftstellerkollektivs ›Krausser‹ verfolgen mit anderen Worten ein gemeinsames poetologisches Projekt, das der Tagebuchautor unter ihnen bereits im Juni 1993 auf eine ebenso einfache wie treffende Formel gebracht hat: »Dies verschränkte Nebeneinander von Alltag und All, das ich in meinen Texten immer zu geben suche.«[2] Der Relevanz und unterschiedlichen Realisierung dieses Nebeneinanders in Kraussers Werk soll im Folgenden anhand einer Gruppe von Texten nachgegangen werden, deren Bedeutung für sein Schaffen und deren Beitrag zur Gegenwartsdichtung oft verkannt werden, nämlich anhand seiner Texte für das Theater.[3]

1

Wie sich seinen Tagebüchern entnehmen lässt, ist Schreiben für Krausser seit seinen Anfängen nicht zuletzt Schreiben für die Bühne gewesen. »Im Winter 77/78 hab ich mein erstes Stück geschrieben«, so erinnert sich der 1964 geborene Autor in seinem Tagebuch des Januar 2001: »CASSIUS – eine Variation des Stoffes in Brecht-Manier, mit Songeinlagen, furchtbar.«[4] Vor dem Hintergrund entsprechender Informationen überrascht es nicht, dass

Kraussers erstes inszeniertes Stück, die »Tour de Farce« mit dem Titel »Lederfresse«, alles andere als ein typisches dramatisches Erstlingswerk darstellt. Vielmehr handelt sich bei dem Text, mit dem ihm 1994 gleich der Durchbruch als Theaterautor gelingt, erkennbar um die Bühnendichtung eines ›fertigen Dramatikers‹. Anlage, Dialogführung und Handlungskomposition des Stückes machen nicht allein deutlich, dass es von einem Autor stammt, der sein Handwerk versteht; sie lassen zudem erahnen, dass sich hier ein Dramatiker zu Wort meldet, der klare Vorstellungen davon hat, worauf es ihm im Theater ankommt.[5]

Schon Kraussers Dramendebüt, ein Kammerspiel über die letzte Nacht eines jungen Mannes auf der Suche nach der Ekstase, weist das konzeptionelle Profil auf, das für seine szenischen Texte seither charakteristisch ist; schon »Lederfresse« führt in markanter Form vor, was unter dem intendierten Nebeneinander von ›Alltag und All‹ zu verstehen ist. Dass in dem Drama eine Verschränkung heterogener Sphären angestrebt wird, zeigt bereits dessen Handlung an – denn sie wird in augenfälliger Weise durch die Verschmelzung von Elementen der ›Unterhaltungs-‹ mit solchen der ›Hochkultur‹ geprägt. Im Zentrum des Stückes steht ein junger Dichter, der sich eine Kettensäge besorgt, eine Ledermaske und eine blutbeschmierte Schlachterschürze anlegt, um sich in die Figur des Serienkillers ›Leatherface‹ aus Tobe Hoopers Horrorfilm-Klassiker »The Texas Chain Saw Massacre« zu verwandeln. Der schlicht »Er« genannte Protagonist möchte sich so offenkundig Machtgefühle verschaffen – er versucht dieses Ziel allerdings nicht dadurch zu erreichen, dass er in seinem Kostüm öffentlich in Erscheinung tritt; es geht ihm bei seiner Verkleidung lediglich um die Intensivierung seiner privaten Rezeption des Films, um eine Art »Texas Chain Saw Massacre-Karaoke«.[6] Da »Er« jedoch gleich nach der Kostümierung von seiner Freundin überrascht wird, kommt es nicht zu der geplanten selbstvergessenen Rezeption eines Zeugnisses der ›Populärkultur‹, sondern zu einem stets bewusst bleibenden Rollenspiel, das zudem fortwährend durch Interpretationen seiner Bestandteile und Wirkungen in den Begriffen der ›Hochkultur‹ unterbrochen wird: Seiner Kettensäge gibt »Er« in Anspielung auf Siegfrieds Schwert in Wagners »Ring des Nibelungen« den Namen »Nothung«[7] und deutet sie zunächst als Quelle der »Inspiration« für sein dichterisches Schaffen, dann als »Amulett« gegen das Unheil und schließlich verallgemeinernd als »Metapher« der Macht.[8] Überdies setzt er sein Rollenspiel mehr oder weniger ausdrücklich zu Texten Nietzsches und Robinson Jeffers' in Beziehung.[9]

›Alltag und All‹ werden in »Lederfresse« allerdings nicht allein auf der Ebene der Handlung, sondern ebenso auf der ihrer Darbietung eng miteinander verbunden. Kraussers erstes Stück zeichnet sich, anders ausgedrückt, auch in seiner Konzeption durch eine Doppelperspektive aus: Der Text liefert eine differenzierte Charakterstudie und exemplarische Kulturanalyse im Medium des Dramas, er geht hierin aber nicht auf. Die Präsentation der Ereignisse wird vielmehr dadurch geprägt, dass sie neben einer psychologischen und einer soziologischen nach und nach eine anthropologische Dimension gewinnt. »Lederfresse« geht nicht allein – wie Tom Mustroph annimmt – der Frage nach, was »den Fantasieraum des Medienkonsumenten«[10] bestimmt. Es setzt sich auf diese Weise zugleich – wie Peter Michalzik schreibt – mit »Kraussers Grundthema« auseinander, mit dem Problem, worin das »menschliche Maß«[11] besteht und wie es zu erreichen ist. Ganz entsprechend tritt im Stück die vorderhand bestimmende Frage nach der zeitgenössischen Wirklichkeit des Menschen zusehends hinter die nach seinen überzeitlichen Möglichkeiten zurück. Am Beginn des Rollenspiels steht das Vorhaben der Wirklichkeitsanalyse: »Man muß heutzutage viele Filme sehn, um die Realität zu begreifen. Das ›Texas Chain Saw Massacre‹. (…) Es ginge drum, die Welt zu sehen, wie sie ist, sehen, was draußen geschieht.«[12] Am Ende geht es um Daseinsanalyse, um die Ergründung der menschlichen Chancen auf ein erfülltes Leben: »Glück zu *haben* widerspricht meiner Lebensauffassung. Kann man nur leihen, minuten- höchstens stundenweise. Ist n Stundenhotel. (…) Aber die meisten haben nicht mal einen besten Moment gehabt, haben gemauert, auf Zeit gespielt, Mittelfeldgeplänkel, nichts riskiert und dennoch, auf einmal: Sudden Death, Null-eins, ritsch-ratsch, aus, weg.«[13]

Kraussers »Tour de Farce« endet indes nicht mit diesen Einsichten, sondern mit Ereignissen, durch die der Protagonist des Stückes zum Exempel seiner eigenen Überlegungen wird. Er, der in der Rolle des ›Leatherface‹ nicht ›auf Zeit gespielt‹ und darum ›einen besten Moment gehabt‹ hat, wird von einem Polizeikommando in der Annahme erschossen, er habe seine Freundin zur Geisel genommen. Der Augenblick der Exekution ist zugleich einer der ironischen Einlösung seiner Ideen von Größe und den Möglichkeiten der Kunst – in jenem Augenblick nämlich scheint »Er« durch seine Phantasie die Wirklichkeit zu kontrollieren, ohne dies allerdings noch erleben zu können: »ER *nimmt die Säge* (…) *Stellt sich ans Fenster.* HE! ICH BIN LEDERFRESSE! DER MIT DER KETTENSÄGE! (…) *Er dreht sich zu ihr, spielt theatralisch.* In diesem Moment fällt ein Schuß, tödlich getroffen, dreht er sich zu ihr, der Geliebten, streckt die Arme aus. SIE Hör auf! Das ist nicht witzig. ER Mit Blut schreibt er ihren Namen auf den staubigen Boden… SIE Hööör auf! *Er wendet sich wieder zum Fenster.* (…) *Ein Schuß fällt.*«[14]

2

Betrachtet man Kraussers dramatischen Erstling vor dem Hintergrund seiner seither vorgelegten szenischen Werke, von der 1997 uraufgeführten Groteske »Spät Weit Weg« bis zum 2006 erschienenen Drama »Roy Bar«, sieht man, dass »Lederfresse« nicht bloß in seiner konzeptionellen Anlage, sondern ebenso in seiner thematischen Ausgestaltung Modellcharakter für die krausserschen Bühnentexte besitzt. Wie in seinem Dramendebüt verschränkt er Alltag und All auch in seinem Folgestücken dadurch miteinander, dass er die Themenkomplexe Macht, Zeit und Kunst in den Blick nimmt und zueinander ins Verhältnis setzt.[15] »Man merkt schon«, so lässt sich mit einer Tagebuchbeobachtung Kraussers über sein dramatisches Werk sagen, »die Probleme sind zeitloser als ihre Protagonisten«.[16]

Das Problem, dem in allen Krausser-Stücken vordringliche Relevanz zukommt, ist das der Macht. Thematisiert wird es freilich nur selten durch die Auftritte von Akteuren, die offen nach Herrschaft, Einfluss oder Geltung streben.[17] Figuren wie Brutus in der 2001 abgeschlossenen Bearbeitung von Shakespeares »Leben und Sterben des Julius Cäsar« oder Hagen in der 2002 vollendeten Neufassung des Nibelungenstoffes »Unser Lied« sind Ausnahmeerscheinungen in Kraussers dramatischem Kosmos. Zum Thema wird Macht hier wesentlich durch die Darstellung ihrer Abwesenheit, durch die Inszenierung von Ohnmachtserfahrungen und vergeblichen Versuchen des Aufbegehrens gegen die eigene Machtlosigkeit. Als Stücke, die sich durch die rekonstruierte Doppelperspektive auszeichnen, kreisen Kraussers Dramen um zwei Typen von Ohnmacht – sie zeigen die Machtlosigkeit des Einzelnen einerseits im Zusammenhang des Alltags und andererseits unter dem Blickwinkel des Alls.

Im ersten Fall wird Ohnmacht als individuelles Schicksal thematisiert. In besonders nuancierter Form geschieht dies in dem 2002 uraufgeführten Zwei-Personen-Drama »Über Los«: Das Stück zeigt den Angestellten Karl bei einem Swingerclub-Besuch, der in seiner Ereignis- und Aussichtslosigkeit spiegelbildlich für die gesamte Existenz des Mittvierzigers ist. Als einziger Gast erreicht er bei seinem einstündigen Aufenthalt im »Club Twilight« nicht mehr, als der Barfrau Nicole mit einer Suada zur Last zu fallen, die neben seiner Unerfülltheit vor allem deutlich macht, dass er aus seinem leeren Leben nicht auszubrechen vermag. Bei Karl handelt es sich geradezu um die Verkörperung der Unfähigkeit, Rilkes bekannter Gedichtzeile Folge zu leisten und dem eigenen Dasein eine neue Ausrichtung zu geben – ganz entsprechend erinnert er sich des berühmten Verses genau in dem Augenblick, als er sich auf den Weg zurück in seine alte Existenz begibt: »Du mußt dein Leben ändern. Immer, wenn ich meine Frau ansehe, fällt mir Rilke ein. Jetzt geh ich mal los.«[18]

Im zweiten der differenzierten Fälle lässt sich die Machtlosigkeit des Personals in Kraussers Stücken auf überindividuelle, gleichsam anthropologische Gegebenheiten zurückführen. Gestaltet wird diese Variante der Ohnmachtserfahrung zumeist durch die Inszenierung von Zeitlichkeits- oder – genauer gesagt – Endlichkeitserfahrungen. Nicht selten stellt das Leid an der

Zeit, das viele der Figuren empfinden, eine Konsequenz aus ihrem Wissen um den Tod dar. In diesem Sinne hält Brutus in »Leben und Sterben des Julius Cäsar« fest: »Wir sterben, das / ist aller Menschen Los, wir wissen es / und leiden dran ein Leben lang (…).«[19] Und die Figur »Augenklappe« führt in dem an Becketts Dramen erinnernden Stück »Donnerstag – Die Fürsten« aus: »Die tägliche Arbeit an der eigenen Würde, wie man eine Wunde säubert, die jeden Tag größer wird und größer … Man sagt, die Zeit heilt alle Wunden, aber sie ersetzt sie nur, durch die eine große, die sie selber ist.«[20] Das Gefühl der Endlichkeit und Ohnmacht ergibt sich für die krausserschen Dramenfiguren oftmals allerdings auch aus der Einsicht, dass ihr Leben nicht bloß im Ganzen, sondern zugleich in jedem seiner Augenblicke Grenzen unterworfen ist. Zu einer Ahnung dieser Einsicht gelangt Karl in »Über Los«, als er über die Redewendung ›im Lauf der Zeit‹ nachdenkt: »Im Lauf der Zeit klingt so – unabänderlich geordnet. Oder als sei die Zeit eine Pistole und wir eine Kugel in ihren Lauf, werden abgeschossen und fliegen.«[21] Ganz ähnliche Gedanken macht sich Roy, der Protagonist des Stückes »Roy Bar«, der nach seinem Tod die Gelegenheit erhält, gemeinsam mit seinen einstigen Geliebten auf sein Dasein als Pianist und Barbesitzer zurückzuschauen: »Möglichkeiten hin und her … Man kann im Ende nur *ein* Leben leben, egal wie viele in einem schlummern.«[22]

Wie eng Zeitlichkeit und Ohnmacht für die Akteure in den Stücken miteinander verknüpft sind, zeigt sich besonders prägnant in den Passagen, in denen die Charaktere über den Realitätsstatus ihrer Welt und damit ihrer selbst ins Grübeln geraten, in denen sie also wie die Figuren in Kraussers Roman »UC« zu ahnen beginnen, dass sie Gestalten im Traum, in der Imagination oder Fiktion eines höheren Wesens sein könnten.[23] Einige Passagen dieser Art finden sich in »Spät Weit Weg«, das als gradlinige Satire auf den Musikbetrieb beginnt, um sich zusehends in ein Verwirrspiel über die Tücken der Unterscheidung zwischen Phantasie und Realität zu verwandeln.[24] Schon kurz nach Handlungsbeginn äußert Laetitia, die Frau des Kunstmäzens Brock, den folgenden Verdacht: »Ich würde mich nicht wundern, wenn ich beim Stöbern im Keller auf eure aufgebahrten Leichen stieße, und ihr entlarvt wärt als Gespenster, untote Bilder, wenn ihr, schlag Eins, alle verschwändet.«[25] Und am Ende des Stückes gelangt sie, nachdem die Figuren endgültig den Überblick über ihre Situation verloren haben, zu dem Schluss: »Die Wirklichkeit ist ein Pfad im Ozean der Träume.«[26] Von fundamentaler Bedeutung ist die Ahnung, dass die Welt ein nicht zu durchdringendes vieldimensionales Gebilde darstellt, für das von Krausser selbst als »Trash-Oper« eingestufte Stück »Haltestelle. Geister.« aus dem Jahr 2000: Das Drama zeigt das nächtliche Geschehen an einer Bushaltestelle, bei der es sich freilich zugleich um eine Art Knotenpunkt ontologischer Sphären und paralleler Universen handelt. Dass dies so ist, scheinen einige der Akteure des

Stückes zumindest zu ahnen, wie eine Szene zeigt, in der sich die Figuren »Grillimbiss« und »Oper« mit dem Charakter »Sehr alter Mann« über dessen erfolglose Suche nach seiner Frau unterhalten: »GRILLIMBISS Ich glaube das Problem liegt tiefer. Die Welt, von der Sie meinen, sie sei die Welt, ist vielleicht nur der Schatten einer Welt. Wahrscheinlich sind sie tot und haben es nicht mitbekommen. OPER Oder Ihre Frau ist tot, und Sie sind nur ihr letzter Traum, der sich quasi verselbständigt hat. (...) SEHR ALTER MANN Ah. Aber wenn ich tot bin, oder ein Traum – wie kann ich dann hier mit Ihnen reden? OPER Vielleicht sind wir auch tot. Oder Träume.«[27]

3

Kraussers Stücke beschränken sich freilich nicht darauf, verschiedene Ausprägungen von Ohnmachtserfahrungen auf die Bühne zu bringen. In ihnen geht es stets zugleich darum, das Spektrum unterschiedlicher Weisen der Reaktion auf jene Erfahrungen auszuleuchten. Im Vordergrund stehen dabei offenkundig Formen des Aufbegehrens gegen die Endlichkeit und Machtlosigkeit. Daneben finden sich in den Werken allerdings immer wieder auch Sequenzen, in denen eine Haltung der Hinnahme in Szene gesetzt wird – so etwa in einem kurzen Gespräch zwischen Tallulah und Grillimbiss in »Haltestelle. Geister.«, zu dem es kommt, weil Tallulah die Überzeugung gewonnen hat, nie wieder auf ihren Planeten zurückkehren zu können, für dessen Prinzessin sie sich hält: »TALLULAH Hast du das gesehen? GRILLIMBISS Was? TALLULAH Jetzt ist es weg. GRILLIMBISS Was war es denn? TALLULAH Ich weiß nicht. Aber sein Wesen liegt darin, daß es eben da war – und jetzt weg ist. (...) Die werden nicht mehr kommen. Die werden nie mehr kommen, mich zu holen. Ich fühle es. GRILLIMBISS Das ist schön.«[28]

Die meisten Figuren in Kraussers szenischen Werken sind indes nicht bereit, ihre Lage klaglos zu akzeptieren; sie lehnen sich gegen die Endlichkeit und Machtlosigkeit auf. Ihr Aufbegehren erfolgt dabei zumeist im Modus der Kunst oder – allgemeiner gesprochen – in dem des Spiels, denn mit diesen Ausdrucks- und Seinsformen verbindet sich für viele der Charaktere die Hoffnung auf eine vorübergehende oder sogar endgültige Überwindung ihrer Zeitlichkeit und demnach ihrer Ohnmacht. »Des Menschen Eifer«, so fasst der kraussersche Brutus die vorherrschende Orientierung der Figuren treffend zusammen, »zielt auf Zeitgewinn«.[29] Konkret erscheint das Streben nach Zeitüberwindung in den Stücken vor allem in zwei Formen – einerseits als Bemühen, durch Spiel, Traum und Rausch aus der Zeit auszutreten, und andererseits als Versuch, durch Kunst und vor allem Dichtung die Zeit hinter sich zu lassen. Ersteres kommt in »Lederfresse«, »Spät Weit Weg« und »Haltestelle. Geister.« in vielen unterschiedlichen Ausprägungen zur Anschauung. Letzteres bildet in »Unser Lied« den Kern des Geschehens: Das Stück nämlich liefert nicht allein, wie es sein Untertitel ankündigt, ein ›Destillat‹ der Nibelungengeschichte; ein ganz wesentlicher Bestandteil der Erzählung ist die Schilderung des zweifelhaften Zustandekommens der Erzählung. Hagen weiß um die Macht von Wort und Gesang: »Wir hängen an unsern Liedern, weil sie das Zelt der Zeit aufrecht halten über uns.«[30] Und er gibt darum Volker von Alzey den folgenden Auftrag, der ihnen beiden ewige Geltung sichern soll: »Es gilt, ein Lied zu schreiben, ungeheuer, / das Künstler aller Zeiten / neidvoll und mit Furcht betrachten, / ein Höllenlied, das Schneisen schlägt, / Brücken baut zu einer Zeit, / die wir mit Schwertern nicht erreichen.«[31]

Die hohen Hoffnungen, die Kraussers Figuren in das Spiel und die Kunst setzen, erfüllen sich nicht – zumindest nicht in einer Form, die sich ihnen selbst erschließen würde. In »Lederfresse« und »Haltestelle. Geister.« mündet die Ekstase in Ernüchterung und Tod; in »Unser Lied« ergibt sich aus der Phantasie von Macht und Dauer eine Realität, die durch Kontrollverlust und Untergang geprägt ist; in »Spät Weit Weg« und »Afrika« erweisen sich die Künste Musik und Malerei nicht als Weg zum Göttlichen, sondern als Vorwand für Menschliches und Allzumenschliches. Obgleich dies so ist, sind Kraussers Werke für die Bühne jedoch kein Abgesang auf die Idee, dass der Mensch in Spiel und Kunst seiner Endlichkeit zu entgehen und gleichsam göttliche Möglichkeiten zu gewinnen vermag. Was nämlich auf der Handlungsebene fehlschlägt, das gelingt auf der Werkebene: Die Dramen stellen zwar die Ohnmacht, die unentrinnbare Zeitlichkeit und das letztlich vergebliche Aufbegehren der Figuren dar; sie tun dies aber in einer Art und Weise, die anzeigt, dass Dichtung und folglich Spiel und Kunst überhaupt das zu leisten in der Lage sind, was sich die Akteure der Stücke von ihnen erhoffen.

Kraussers Texte für das Theater führen vor, dass Dichtung einen »Blick« auf die Welt zu werfen vermag, der – wie es die Künstlerin Janine in »Afrika« von ihren Bildern behauptet – »allein Gott vorbehalten ist«.[32] Sie zeigen, dass es in Spiel und Kunst gelingen kann, die ›minderdimensionierte Wahrnehmung‹ des Menschen hinter sich zu lassen und das Bewusstsein eines ›mehrdimensionalen Wesens‹ zu erlangen, das nicht in nur einer Zeit und nur einer Welt zu leben gezwungen ist.[33] Sie machen anschaulich, was Volker in »Unser Lied« meint, wenn er über seinen Bericht vom Untergang Burgunds gegenüber seiner Frau sagt: »Ich war da, aber anders … Es gibt so viele Formen des Seins …«[34] Es erscheint mithin nicht sonderlich gewagt, die verstreuten Reflexionen zum Zeitreisen, die sich in Kraussers Tagebüchern finden lassen, als versteckte Poetologie seines Bühnenschaffens zu lesen: »Ich glaube inzwischen an die Möglichkeit einer Zeitmaschine, die in die Zeit vor ihrer Erfindung zurückreisen könnte. (…) Man wird allerdings – glaube ich – nur betrachten, nicht eingreifen können, wird, mit einer Art Kamera, die zwischen den Zeitsphären quasi den Übersetzer spielt, wie ein Geist durch alles hindurchschweben dürfen, unbemerkt – es wär ja gut so, gar nicht anders zu wünschen.«[35]

Kraussers szenische Werke sind als Zeitmaschinen konzipiert, die Leser und Zuschauer im Alltag aufnehmen und ins All bringen sollen. Die Texte legen es ebenso auf Unterhaltung wie auf die Erkundung der Möglichkeiten des Menschen in der Welt an, es geht ihnen – in den Worten ihres Verfassers – zugleich um »Pläsier« und um »Erhabenheit« als »Sprungturm der Ekstase«.[36]

1 Helmut Krausser: »Oktober. November. Dezember«, Reinbek 2000, S. 485. — **2** Helmut Krausser: »Mai. Juni«, Reinbek 1995, S. 277. Vgl. zur krausserschen Poetologie die eingehenden Rekonstruktionen in Thomas Merklinger: »Rom als poetologische Metapher. Zu Helmut Kraussers Rom-Tagebuch ›November‹«, in: Ralf Georg Czapla / Anna Fattorie (Hg.): »Die verewigte Stadt. Rom in der deutschsprachigen Literatur nach 1945«, Bern u. a. 2008, S. 317–343. — **3** Vgl. zum Zusammenhang auch Johannes Birgfeld: »›Hierzulande werde ich kaum noch gespielt‹. Der Dramatiker Helmut Krausser«, in: Claude D. Conter / Oliver Jahraus (Hg.): »Sex – Tod – Genie. Beiträge zum Werk von Helmut Krausser«, Göttingen 2009, S. 163–180. — **4** Helmut Krausser: »Januar. Februar«, Reinbek 2003, S. 7. — **5** Sofern nicht anders angegeben, stützen sich die folgenden Ausführungen auf Helmut Krausser: »Stücke 93–03«, mit einem Vorwort von Peter Michalzik, Frankfurt/M. 2003. Zitate aus dieser Ausgabe werden fortan unter Angabe der Sigle »St« nachgewiesen. — **6** Vgl. zu dieser Einordnung Tom Mustroph: »Rauschhafte Scharaden«, in: Christel Weiler / Harald Müller (Hg.): »Stück-Werk 3. Neue deutschsprachige Dramatik. Porträts, Beschreibungen, Gespräche«, Berlin 2001, S. 88–90, hier S. 89. — **7** St, S. 26. — **8** St, S. 26 und 32. — **9** St, S. 37. — **10** Mustroph: »Rauschhafte Scharaden«, a. a. O., S. 88. — **11** Peter Michalzik: »Wahn ist im Theater Größe. Der Dramatiker Helmut Krausser«, in: St, S. 7–13, hier S. 10. — **12** St, S. 21 f. — **13** St, S. 43. — **14** St, S. 44. — **15** Vgl. dazu auch Christoph Jürgensen / Tom Kindt: »Kunst und Macht im Werk Helmut Kraussers. Ein philologisches Destillat«, in: Conter / Jahraus (Hg.): »Sex – Tod – Genie«, a. a. O., S. 95–108. — **16** Krausser: »Januar. Februar«, a. a. O., S. 60. — **17** Dies ist in Kraussers Epik anders, vgl. hierzu die Übersicht in Jürgensen / Kindt: »Kunst und Macht«, a. a. O. — **18** St, S. 323. — **19** St, S. 292. — **20** St, S. 124. — **21** St, S. 318. — **22** Helmut Krausser: »Roy Bar. Schlager und Tragik«, in: Uwe B. Carstensen / Stefanie von Lieven (Hg.): »Theater – Theater. Anthologie. Aktuelle Stücke 17«, Frankfurt/M. 2007, S. 181–228, hier S. 201. — **23** Vgl. Helmut Krausser: »UC«, Reinbek 2003. Vgl. zum Zusammenhang auch den Beitrag von Oliver Jahraus im vorliegenden Band. — **24** Vgl. dazu Helmut Krausser: »Juli. August. September«, Reinbek 1998, S. 155: »Zu ›Spät Weit Weg‹: Die Aufklärung ist zum Medienritual, ist zur Phrase verkommen, wie es kommen muß, wenn die Basiswerte instrumentalisiert werden. Es zählt nicht mehr, was eigentlich gesagt wird, sondern nur, wer es sagt und über wen. Alles kann in jede Richtung gedeutet werden (…).« — **25** St, S. 75. — **26** St, S. 94. — **27** St, S. 195. — **28** St, S. 244. — **29** St, S. 274. — **30** St, S. 343. — **31** St, S. 334. Vgl. zu »Unser Lied« auch Ingrid Bennewitz: »Unser Lied – ein neues Lied? Helmut Kraussers Gesang vom Untergang Burgunds im Kontext zeitgenössischer Nibelungenrezeption«, in: Conter / Jahraus (Hg.): »Sex – Tod – Genie«, a. a. O., S. 283–296. — **32** Helmut Krausser: »Afrika (Freitag)«, Frankfurt/M. 2005, S. 24. — **33** Vgl. hierzu Krausser: »Oktober. November. Dezember«, a. a. O., S. 311. — **34** St, S. 372. — **35** Krausser: »Oktober. November. Dezember«, a. a. O., S. 159. — **36** Krausser: »Januar. Februar«, a. a. O., S. 177.

Steffen Martus

Am Ende

Zu Helmut Kraussers »Eros«

»fertig.
klingt wie: mama, abwischen!
dennoch: fertig«
(Helmut Krausser: Tagebuch,
30. April 2004)

Helmut Kraussers Roman »Eros« überlässt die Hauptrolle einem sterbenden Erzähler. Der todkranke Industrielle Alexander von Brücken berichtet einem bestellten Autor aus seinem Leben und von seiner Liebe zu Sofie Kurtz: Alexander und Sofie begegnen sich während der Bombennächte des Zweiten Weltkriegs. Zwar erklärt Sofie, als sie Alexander einen Kuss für 50 Mark verkauft, dass seine Liebe stets unerwidert bleiben wird – »sei nicht mehr verliebt. Bringt nichts«.[1] Das aber stört den erotisch Infizierten nicht. Alexander verfolgt Sofie mit seiner Liebe und unterstützt sie mit allen Mitteln: Er hilft ihr etwa beim Abendschul-Abitur, rettet sie 1967 bei der Anti-Schah-Demo vor der Polizei und steht ihr bei, als sie ins linksradikale Milieu abgleitet. Schließlich spielt er sogar den Fluchthelfer aus der DDR, wohin Sofie als gesuchte BRD-Terroristin geflohen war. Danach aber verabschiedet sich die Geliebte endgültig von ihrem Verfolger.

Ein Hauch von Melancholie und Vergeblichkeit liegt über dieser scheinbar authentischen Lebensbeichte, die sich am Schluss als poetische Aufbereitung einer Obsession gegen die Tatsachen erweist. Durch die Macht der Poesie will Alexander ersetzen, was er im Leben verpasst hat. »(W)enn ich erzählt hätte, wenn ich herausgelassen hätte, was mit mir so alles geschehen war, vielleicht hätte ich damit etwas gerettet. (...) Warum erzählte ich mein Leben nicht? Warum?«[2] Aber ihm fehlen die Worte. Deswegen engagiert er einen Autor, der gegen Honorar aus den Materialien einen »Roman« machen soll.

Der Lohnschreiber verweigert sich allerdings den konventionellen Mustern einer ›romanhaften‹ Darstellung. Er erkennt den besonderen Wert einer offenen Ausführung, die nicht auf den Eindruck einer abgeschlossenen Welt zielt, sondern in den markierten Lücken und Löchern der Erzählung das Geheimnis des Unaussprechlichen birgt. Immer wieder fügt Krausser Hinweise darauf ein, dass anders oder mehr erzählt werden könnte oder dass unbearbeitetes Material präsentiert wird. Das »Leben«, erklärt von Brückens

Privatsekretär, lässt sich nicht »in seiner gesamten Komplexität« abbilden, es bleiben immer »Spekulationen, keine Geschichte habe je ein Ende«.[3]

1

Der Roman gewinnt seine besondere Eindringlichkeit auch aus der Selbstbespiegelung des Autors. Krausser schafft sich in »Eros« nicht allein in der Figur des Auftragsdichters ein Alter Ego, sondern auch in dessen Auftraggeber. Wie Alexander von Brücken präsentiert sich Krausser nach der Jahrhundertwende in einer gleichsam prämortalen Gefühlslage. In sein Tagebuch notiert er unter dem Datum vom 19. März 2003 (»Totenmittwoch«): »Als wäre ich schon tot, blicke ich auf die Ereignisse herab, wie man ein altes Foto-Album durchblättert (...), in einer Mischung aus Spott, Neid und Mitleid.«[4] Und so verbreitet Krausser in den letzten Bänden seines zwölf Jahre dauernden Tagebuchprojekts insgesamt Endzeitstimmung. Wie immer ereifert er sich darin über den Literatur- und Kulturbetrieb, über den Sieg der Trivialität und über die Scheuklappenmentalität der Political Correctness. Er kehrt sich einmal mehr von der »Verblödungsgesellschaft«[5] ab und klagt darüber, dass die Nichtigkeit verehrt und das wirklich Große vernachlässigt werde. An finaler Vehemenz gewinnt dieses Ressentiment jedoch durch die Aussicht auf die letzten Einträge, denn »wenn sie (die Tagebücher, d. Verf.) enden, verschwinde ich. Verstumme. Das ist eine Art Tod. Den Rest erfährt man vielleicht stichpunktartig aus Zeitungen.«[6] Dabei geht es auch um die Legitimität des eigenen Schreibens: »(I)ch weiß noch, dass ich, als ich damit begann, glaubte, die kommenden zwölf Jahre wären die entscheidenden, danach wollte ich in Rente gehen, weil so viele Vorbilder ab ihrem 40. Lebensjahr nachließen, sich wiederholten, sich in Routine verfingen.«[7]

»Eros« reflektiert jedoch nicht ein beliebiges Stimmungstief des Tagebuch-Ichs, sondern eine prinzipielle Haltung gegenüber dem eigenen literarischen Schaffen. Daher beendet Krausser zusammen mit der Ära des öffentlichen Tagebuchs auch sein literarisches Werk, zumindest konzeptionell: »2002/2003: mein bestes Stück, mein bester Roman, mein bester Gedichtband. Nun geht's bergab, das wird lustig.«[8] »Die wilden Hunde von Pompeii« kündigt er als »mein letztes Buch« an, das »einen recht graziösen Abschluss meines Werks« bildet, und fügt hinzu: »Mein letztes Buch. Grandios«.[9] Seit »ungefähr 1996« habe er »alle seither verwirklichten Projekte absehen können und auch beschlossen, neun Jahre im voraus« – angesichts des leeren Terminplans sieht er nun die »Chance, etwas ganz Neues zu machen«.[10]

Übertriebene Sorgen wegen eines möglicherweise verstummenden Helmut Krausser wären fehl am Platz: Er wird mit dem Schreiben nicht aufhören. Das Pathos der Finalität bildet vielmehr einen festen Bestandteil des rhetorischen Arsenals: »Es gibt nichts mehr zu sagen, außer: Es gibt nichts mehr zu sagen. / Das kann man nicht oft genug betonen. Aber das hab ich ja immer gesagt. / Und dann kam doch noch was.«[11]

Tatsächlich folgen auf »Die wilden Hunde von Pompeii« (2004) nicht nur der Roman »Eros« (2006) und die Erzählung »Kartongeschichte« (2007), sondern Krausser arbeitet außerdem an einem »Puccini-Dokumentarroman«, der ihn seit rund zehn Jahren beschäftigt – 2008 erscheint »Die kleinen Gärten des Maestro Puccini«. Darüber hinaus hat er sich mit dem Pseudonym Titus Keller[12] ohnehin neue Möglichkeiten der Autorschaft jenseits der Rezeptionsmuster geschaffen, die sein bisheriges Werk stimuliert.

Dennoch bleibt es für die Bestimmung des literaturgeschichtlichen Orts von Krausser aufschlussreich, dass er diese Gedankenfigur vom gemeinsamen Ende des Tagebuch- und des Gesamtwerks in die Diagnose einer epochalen Zäsur einbettet. Er wird sich historisch und sieht, dass die selbst attestierte Außenseiterposition so randständig gar nicht war, dass sein Werk und seine Autorschaft mithin durchaus zu den langfristigen Entwicklungen ›seiner Zeit‹ gehören und dass die damit verbundenen Programmpunkte mittlerweile Teil des Mainstreams geworden sind. Unter dem Datum vom 7. April 2004 notiert Krausser im Tagebuch: »Die Neunziger werden inzwischen immer öfter als goldene Jahre betrachtet, vor Al Kaida, Börsencrash, Superstarsearching, Theatersterben und Sozialabbau. Während sie von innen her oft als Phase der Stagnation beurteilt wurden. Anything ging, aber nie so recht vorwärts.

Für mich war es das Jahrzehnt der Produktion, eine Dekade erfüllender Arbeit. Was außen um mich her geschah, fand ich oft kaum der Rede wert, aber wenn man die ersten Tagebücher nachliest, klingt vieles bereits erklärungsbedürftig, also muss sich einiges an gesellschaftlichem Wandel vollzogen haben. Zensur gibt es kaum noch, sexuell ist vieles libertiner, selbstverständlicher geworden, ob Schwulenehe oder Porno, die Hochkultur hat ihren verblasenen Nimbus abgelegt, es existieren neben dem Bekenntnis zur humanistischen Bildung ganz neue, wenn auch beunruhigende Formen der Intellektualität, die indes ernst genommen werden, werden müssen, aufgrund ihrer künstlerischen Ergebnisse. Die allgemein bewusst gewordenen Spielarten der Ironie haben im Gegenzug auch ein neu facettiertes Pathos ermöglicht, Literatur verlor an Papier, gewann Emotion zurück. Erzählen ist wieder selbstverständlicher Impetus des Schreibens.

(...) Künstlern, die jeglichen Kontakt zum Publikum verloren hatten, wurden noch Futternischen zugewiesen, wo sie sich ohne Rücksicht auf Verkäuflichkeit austoben und satt essen konnten (...). Zu Beginn der Neunziger standen Erzähler noch unter dem Verdacht des Publikumsopportunismus. Heute eine kaum mehr vorstellbare Diskussion. Alles, wofür ich gekämpft habe, ergab sich von selbst, als geradezu selbstverständlich.«[13]

Krausser liefert hier eine Reihe von Orientierungspunkten, um sein Gesamtwerk sowie »Eros« im Kontext der ›Literatur nach 1989‹ einzuordnen[14]: Im Lauf der 1990er Jahre holt demnach die kulturelle Semantik die Entwicklung jener Gesellschaftsformen ein, deren Elemente und Beziehungsgefüge die Sozialstruktur seit den 1960er Jahren bestimmen.[15] Daher wird ›nach 1989‹ auch die Diskussion um die Postmoderne aus den 1960er, -70er und -80er Jahren wieder aufgelegt (»Anything ging, aber nie so recht vorwärts«).[16] Allerdings verhandeln die Parteigänger und Kritiker eines Abschieds von den Avantgarde- und Fortschrittssehnsüchten der Moderne (»Phase der Stagnation«) nicht allein die Enthierarchisierung kultureller Orientierungen (»die Hochkultur hat ihren verblasenen Nimbus abgelegt«), wie sie bereits um 1968 zur Debatte stand. Sondern jetzt geht es zudem um eine Postmoderne unter Bedingungen des Literaturbetriebs und damit um eine neue oder zumindest strategisch klar formulierte Form von Adressatenorientierung (»Verdacht des Publikumsopportunismus«) und Verwertbarkeit (»Rücksicht auf Verkäuflichkeit«).[17]

In eben diesem Kontext entbrannte der »Streit um die deutsche Gegenwartsliteratur«, der 1989 pünktlich von Frank Schirrmacher angestiftet wurde und von der Sehnsucht nach epischer Erfahrungsfülle lebte (»Erzählen ist wieder selbstverständlicher Impetus des Schreibens«). Krausser gehört nicht umsonst zu der Gruppe von Autoren, die Martin Hielscher 1996 in seiner Anthologie »Wenn der Kater kommt« unter dem Stichwort eines »Neuen Erzählens« versammelt hatte. Dass neben dem neuen »Pathos« und der neuen Emotionalität der Poesie auch distanzierte, abgeklärte oder eben ironische Schreibweisen die 1990er Jahre charakterisierten, mag man mit Krausser bedauern, zutreffend ist es allemal angesichts der »Knabenwindelprosa« (Feridun Zaimoglu) und »Schlappschwanz-Literatur« (Maxim Biller) der Popliteraten sowie der »Pipi-Mädchen-Prosa« (Matthias Altenburg) des literarischen ›Fräuleinwunders‹.[19]

Es ist daher nicht allein bemerkenswert, dass »Eros« Kraussers »bestverkauftes« und »bestbesprochenes« Buch ist; »von fast 300 Kritiken waren ca. 240 positiv«[20], und selbst gegen die negativen Besprechungen in den überregionalen Zeitungen (u.a. FAZ, SZ) »hat das Buch fast 20 000 Exemplare geschafft«. Es ist nicht allein an sich beachtlich, dass der Roman »in zehn europäische Länder verkauft« wurde, »und auch in die USA«, was bei keinem von Kraussers Büchern bislang der Fall war (und sonst nur wenigen deutschen Büchern gelingt). Man möchte den Autor nicht allein beglückwünschen, dass sein Werk »in einer Auktion eine knapp sechsstellige Taschenbuch-Lizenz erzielt« hat und sich damit als sehr viel lukrativer erweist als »die meisten prominent platzierten Bücher«. Und es ist nicht allein erfreulich, dass »Eros« das »beliebteste« Buch bei Kraussers »Leserschaft« ist, wie der Autor »bei den Lesungen« feststellt und wie es sich »auch anhand der

Amazon-Rezensionen nachweisen lässt«. Sondern es ist angesichts der von Krausser selbst diagnostizierten Literaturbetriebsmentalität zudem überaus symptomatisch, dass er gerade diese Momente der massenmedialen Präsenz, der Verkaufbarkeit und der Konsumierbarkeit so wichtig nimmt. Zwar dürften die meisten Autoren darauf achten, dass ihre Werke einen gewissen medialen, ökonomischen und symbolischen Verkehrswert haben. Aber Krausser dreht diese Innenseite der schönen Literatur nach außen und verhandelt sie in seinen öffentlichen Selbstaussagen mit einer besonderen Direktheit.[21]

2

Wenn Krausser also sein Alter Ego in »Eros« als Lohnschreiber auftreten lässt, dann passt dies ebenso ins Profil der ›Literatur nach 1989‹ wie der Umgang mit Politik und Geschichte im Roman. Denn während Krausser in so gut wie allen seinen Werken eine fast schon provozierende Gleichgültigkeit gegenüber historischen Begebenheiten demonstriert und Großereignisse wie die Wiedervereinigung gar nicht oder nur in einem Satz erwähnt, fällt in »Eros« umgekehrt die geradezu mustergültige Abhandlung der epochal wichtigen Daten auf: vom ›Dritten Reich‹ über ›1968‹ und den ›Deutschen Herbst‹ bis in die 1980er Jahre der Vorwendezeit. Möglicherweise angeregt durch Daniel Kehlmanns Klappentext (»Ein Roman (...), wie nebenbei, über das katastrophale zwanzigste Jahrhundert«), haben einige Rezensionen daraus den nicht haltbaren Vorwurf abgeleitet, Krausser habe mit »Eros« eine »abgemagerte Geschichte der Bundesrepublik« geliefert.[22] Andere zeigten sich begeistert von dem historischen Panorama, das Krausser vor ihren Augen aufspannte.[23] Aber darum ging es dem Autor eigentlich nicht.[24] Die politische Geschichte nutzte Krausser lediglich als Dekor für die Liebesgeschichte von Alexander und Sofie. Insofern gehen Kritik und Lob in dieser Hinsicht an der Konzeption des Romans vorbei.

Typisch für die Wahrnehmung von Politik in den 1990er Jahren ist vielmehr, dass Krausser eine gewissermaßen unpolitische Beobachtung der Politik praktiziert: Das Politische dient als ein Lifestyle-Element unter anderen. Für die Protagonisten steht dabei in der Liste der Normen und Werte ganz oben, ob etwas unterhält oder langweilt, ob es sich zur Ausgestaltung der eigenen Erlebniswelten eignet oder dem Bedürfnis nach einer lustvollen Entfaltung der eigenen Persönlichkeit entgegenläuft.[25] Dass dabei gerade das linke Milieu und die 68er schlecht wegkommen, gehört ebenso zur Neuausrichtung des literarischen Lebens ›nach 1989‹ im Generationenstreit[26] wie die Entdramatisierung der Nazizeit, die für Alexander von Brücken zunächst nichts weiter als die historische Spielwiese für seine erotischen Obsessionen abgibt – »der Krieg kam mir gelegen«.[27]

Iris Radisch hat diese veränderte Haltung gegenüber dem Politischen bereits 1995 festgehalten: »Die Garde der zornigen jungen alten Herren, denen deutsche Nachkriegsliteratur mehr als nur ihren Ruf verdankt, hält die Rolle des globalen Chefkommentators noch immer fest in der Hand. Wer, wenn nicht sie (genannt werden Peter Rühmkorf, Martin Walser, Günter Grass, d. Verf.), sollte sich äußern zu Saddam Hussein und den ostdeutschen Braunkohlegebieten, zur amerikanischen Rüstungsindustrie und zum deutschen Lastenausgleich, zu den Personalproblemen in der Volkswagen-Vorstandsetage und den Bomben auf Pale? Das macht den Alten niemand nach.

Schon gar nicht der Nachwuchs. Unvorstellbar ein Kommentar von Durs Grünbein zur Lage in Ruanda oder ein Aufsatz Helmut Kraussers über den Niedergang der SPD. Der ›Zuständigkeitsbereich‹ der Literatur ist innerhalb einer Generation vom megalomanen Höchststand auf einen kaum unterbietbaren Tiefststand geschrumpft.«[28]

Es fällt offenbar gerade den großen Zeitungen noch immer schwer, diesen Stand der Dinge anzuerkennen. Während die überwiegende Zahl der Kritiken zu »Eros« positiv war, führen die »Frankfurter Allgemeine Zeitung« und die »Süddeutsche Zeitung« ihre Tradition der Krausser-Verrisse im Fall von »Eros« fort. Die Rezensionen folgen signifikanten Mustern. So schließt Edo Reents in der FAZ an die Diskussion der 1990er Jahre um den »großen deutschen Roman« an, die er zwar für bloßes »Gerede« erklärt, dann aber meint: »Und so ist es ein großes Pech für Helmut Krausser, dass er sein neues Buch, das dieser schwachsinnigen Forderung nachzukommen so ersichtlich bemüht ist (...), nun (...) endlich fertig hat.«[29] Und Kristina Maidt-Zinke wirft Krausser in der SZ vor, er liefere »im Gestus eines gehobenen Lore-Romans eine mäßig spannende, wohldosiert melodramatische, mit politisch-historischen Reizsignalen durchsetzte Story« und wolle sich – im Windschatten des »Bestseller-Wunderkinds Daniel Kehlmann« – »mit dieser Methode auf die sichere Seite des Ladentischs« schlagen.[30]

Ebenso aufschlussreich wie diese Wertungsroutinen, die den ›Streit um die Gegenwartsliteratur‹ aus den 1990er Jahren ins neue Jahrtausend verlängern, ist die für Krausser typische Unentschiedenheit der Kritik.[31] So meint Zinke, Krausser habe sich die immer wiederkehrenden Einwände der Kritik gegen seine Neigung zu »Softpornografie« und »Bildungshuberei« zu Herzen genommen, vermisst aber »Dämonie und Bizarrerie, Ich-Dissoziation und mythosophischen Bluff, postmodernen Stilmischmasch, Zitatenprunk und Abstrusitätenkabinett« und versetzt Krausser in die »Häschenschule für deutsche Romanschreiber«. Reents wiederum spielt das Motiv von Krausser als dem enttäuschenden »Hoffnungsträger« der deutschen Literatur ein.

Beides zeigt, dass Krausser es bestimmten Rezensenten kaum recht machen kann. Dies ist nicht weniger bezeichnend für Kraussers Position der riskanten ›Mitte‹ innerhalb der ›Literatur nach 1989‹ als für seine Reflexion des

Literaturbetriebs oder seine Verwaltung politischer Sachverhalte. Denn traditionell gelangt die Kritik bei der Beurteilung seines Werks zu einem gespaltenen Meinungsbild, und dies nicht nur im divergierenden Urteil verschiedener Rezensenten, sondern oftmals innerhalb der einzelnen Rezensionen. Da gilt Krausser dann als guter Erzähler, der allerdings oft stilistisch entgleist[32]; man verbucht ihn als Autor gegen das »Weich- und Weggespülte«, dem man mehr Ironie empfiehlt[33]; die Kritiken konzedieren ihm faszinierende Vielstimmigkeit und zugleich einen »Mangel an originalem poetischem Sprachvermögen«, um dann »auf den weiteren Weg (...) gespannt (zu) sein«[34]; ein Rezensent echauffiert sich über Kraussers Sprache, vergleicht ihn gleichwohl mit Dostojewski.[35] Das Feuilleton scheut keine Kapriolen. Über »Thanatos« heißt es in der »Neuen Zürcher Zeitung«: »(...) ein Ärgernis. Und trotzdem origineller als so manch anderes Kunstprodukt aus der Bastelstube unserer beflissenen ausgetüftelten Akademikerliteratur.«[36] Um diese eigentümliche Spannung aufzulösen, greifen viele, wie Reents, auf den Gemeinplatz vom ewigen Talent zurück: »So oder so bleibt Krausser, was er schon vorher war: die chronisch uneingelöste Hoffnung der deutschen Gegenwartsliteratur.«[37] Und noch Volker Weidermann beendet seine Hommage in »Lichtjahre« mit diesem Topos: »Wir warten und hoffen und lesen.«[38]

Krausser hat also allen Grund, sich über eine Reihe von Literaturkritikern zu ärgern. Als großer Erzähler zu gelten, der schlechte Bücher schreibt, sagt weniger etwas über den Beurteilten als über die Urteilenden aus. Offenbar fehlt den Rezensenten das Instrumentarium, um Kraussers Werk bündig zu behandeln. Auch dafür liefert der Autor eine hellsichtige Selbsteinschätzung. In dem bereits zitierten Tagebuchnotat vom 7. April 2004 schreibt er weiter: »(I)ch habe Kunst nie mit dem Begriff der Radikalität verbunden. (...) Ich empfand mich stets als verlorengegangene Mitte einer aus dem Gleichgewicht geratenen, an die Ränder getriebenen Kunst. Als Gleichgewicht, das zwischen zu eroberndem Neuland und gesellschaftlicher Relevanz herrschen muss. (...) Die Mitte leidet unter dem Ruch des Mittelmaßes, der Unentschlossenheit, des Biederen, dabei ist sie der gefährlichste Standpunkt, nimmt man dort doch automatisch einen Zweifrontenkrieg äußerster Angriffsfläche in Kauf.«[39]

Diese Selbsteinschätzung könnte zunächst irritieren: Was hat ein Liebhaber der Extreme wie Helmut Krausser in der ›Mitte‹ zu suchen? Aber genau in der ›neuen Mitte‹ der 1990er Jahre befindet sich eine offenbar hochriskante Position, zumindest wenn es um die Wahrnehmung aus Sicht des Feuilletons geht. Krausser gerät zwischen die Stühle. Sein Werk hinterlässt bei einer Reihe von Beobachtern eine eigentümliche, nicht produktiv verwertbare Form der Unbefriedigung – man könnte auch sagen: Kraussers Werk verbannt den literarischen Eros der Kritik in die Hölle ewiger Vorlust, und die Rede vom ›Talent‹ und der stets uneingelösten ›Hoffnung‹ ist nichts weiter als die verbrämte Art, über den mangelnden poetischen Vollzug zu reflektieren. So fragt Edo Reents sich in seiner oben zitierten »Eros«-Rezension: »Bloß von einer ›Geschichte‹ zu sprechen, würde Krausser jedenfalls als Beleidigung auffassen. Er wollte offensichtlich mehr. Aber was? Ein Zeitpanorama, ein Gesellschaftsporträt über sechs Jahrzehnte?«

3

Die Antwort auf diese Frage, die ich abschließend skizzieren will, lautet: Krausser hat mit »Eros« auch ein Werk über die angemessene Haltung gegenüber Literatur vorgelegt, und er schließt damit nahtlos an die Entwicklung insbesondere seiner vorigen Romane an. Die Behauptung vom Ende des Werks spielt dabei insofern eine Rolle, als sie eine bestimmte Aufmerksamkeitshaltung impliziert. Die doppelte Autorschaft im Roman, die sich Alexander von Brücken und der bestellte Autor teilen, dient daher nicht allein als Reflexionsmöglichkeit für eine spezifische Form des »Zweifrontenkriegs«, der Kraussers Werk zwischen dem Faible für Trash und der Liebe zu den großen Bildungsgütern, zwischen den Orientierungen der Populär- und Hochkultur, zwischen Konsumierbarkeit und Sperrigkeit insgesamt prägt und aus der heraus er selbst zum Programm des »polyphonen Romans« gefunden hat.[40] Vielmehr bringt die doppelte Autorschaft den bestellten Autor zugleich in die Rolle des Lesers. Er wird zum Reflexionsmedium von Rezeptionshaltungen gegenüber dem Erzählten.

Auch deswegen scheint es mir bezeichnend, dass Krausser in »Eros« den biografischen Rückblick eines sterbenden Mannes entwirft und sich zudem um die angemessene Wahrnehmung dieser Lebensgeschichte bemüht. Der »Zweifrontenkrieg«, den Krausser als Vertreter der ›Mitte‹ führt, verlagert sich hier gewissermaßen in die Produktionsinstanz selbst. Mit von Brücken teilt Kraussers Tagebuch-Ich die Endzeitstimmung: Er sieht sich als »Altlast«[41] und findet vor allem seine »Vergangenheit (...) prachtvoll«.[42] Die Gegenwart indes beherrschen Trauer, Depression, Langweile und Melancholie[43]: »Öde, öde, öde. Öde, öde, öde. Ich bin ein langweiliger Mensch«[44], meint Krausser. Ihn bestimmt ein »Gefühl großer Lähmung, ja Versteinerung«[45] – und in genau dieser Stimmung befindet sich Alexander von Brücken in Kraussers Roman.

Der bestellte Autor wiederum arbeitet ›im Roman‹ wie Krausser ›im Leben‹ an einem Musiker-Roman. Er erkennt den Wert künstlerischer Verdichtung an, den Krausser als faktischer Autor von »Eros« und vor allem der »Kartongeschichte«[46] durch den Hinweis auf Auslassungen ebenfalls sanktioniert. Und er vertritt insgesamt jenes produktionsästhetische Modell, das weniger auf genialische Schöpferkraft als vielmehr auf die kreative Verwaltung der

Tradition setzt beziehungsweise auf eine historisch reflektierte Form von Autorschaft. Auch dies hatte Krausser in seinen Tagebüchern als epochentypische Form von literarischer Erfindung entwickelt: Denn »heute« sei nur »epigonale« Dichtung möglich; »originäre Schübe« hingegen gehörten nicht zum Repertoire. Der Autor müsse daher »die bisherigen Mittel vollständig adaptieren und die Ergebnisse seiner Vorgänger (...) alle in sich haben und aufeinanderprallen lassen«.[47]

Kurz: Krausser macht schnell deutlich, dass am Beispiel der Zuneigung Alexander von Brückens zu Sofie anderes oder mehr als nur eine traditionelle Liebesgeschichte erzählt werden soll. So erklärt von Brücken: »Heute scheint es mir, es war da plötzlich eine Liebe in mir, vielmehr der Wille zur Liebe, der, nachdem er sich in mir eingenistet hatte, nach einem Opfer Ausschau hielt, nach dem erstbesten hübschen Mädchen.«[48] Die Rede ist also von einer ebenso fixierten wie »austauschbaren Verliebtheit«, die Allgemeingültigkeit beansprucht: »Ich werde Sofie nicht genauer beschreiben. Beschreiben Sie sie, aber so, dass jeder sich angesprochen fühlt.«[49] Zwar markiert die Beschreibungslücke auch die Unfassbarkeit des Epiphanischen und Einzigartigen. Aber ebenso deutet sie eine Form der Beliebigkeit oder zumindest Kontingenz an: »Meine Liebe hätte irgendeine treffen können, irgendeines der vielen hübschen Mädchen diesseits des Todes.«[50]

Weil es um das Prinzip ›Eros‹ geht, das Krausser in seinen Werken neben dem Mythos, dem Tod und der Zeitlichkeit als einen »der wichtigsten Begriffe der menschlichen Existenz« immer wieder behandelt[51], verzichtet er geradezu ostentativ auf die von der Kritik oftmals unter Pornografieverdacht gestellte körperlich-sexuelle Begegnung – näher als auf einen Kuss kommen sich Sofie und Alexander nicht. »Das Thema EROS als leiblich-hormonelle Komponente, als Testosteron-Begierde, habe ich schon ausreichend abgehandelt. Ums Ficken geht es hier nicht, eher um die Obsession als selbsterwähltes Lebensziel – und die Kollateralschäden, die draus erwachsen.«[52]

Stattdessen rückt Krausser das erotische Komplettangebot ins Bewusstsein. Bereits Sofies Name regt zu allegorischen Spekulationen an, weil derjenige, der in Sofie verliebt ist, im Wortsinn zum ›Philo-Sophen‹ wird. Dass Alexander eine – allerdings enthauptete – Statue der Weisheit geschenkt bekommt[53], könnte mithin Symbolwert haben. Weiterhin geht es offensichtlich auch in diesem Roman um Kompensationsstrategien, mit denen unausgelebtes und vielleicht auch unlebbares Begehren auf teils sublimierte, teils pathologische Weise umgesetzt wird: Dazu gehören vornehmlich die Ausübung von Macht (»Der Rausch der Macht, ein erotisches Surrogat«[54]) sowie die üblichen Zivilisationsformen der Triebsublimation wie Kunst, Philosophie, Sport oder Drogenkonsum.

Macht ist folglich kein Ausdruck souveräner Handlungsfähigkeit, sondern ein Verarbeitungsmodus des Getriebenseins. Daher inszeniert »Eros« auf der einen Seite (Über-)Mächtigkeiten und demontiert diese zugleich – immer wieder stößt selbst Alexander an die Grenzen seiner Möglichkeiten, sei es in der Konfrontation mit den Geheimdiensten der beiden deutschen Staaten, sei es im Liebeskampf mit Sofie, die ihre Entscheidungsgewalt bis zum Schluss bewahrt. In diesem Zusammenhang spielt von Brückens Privatsekretär Lukian eine zentrale Rolle. Sein Name verweist nicht zufällig auf einen antiken Lügenerzähler und Kritiker der Mächtigen: Durch Lukian wird die Beziehung zwischen Alexander und Sofie zum Dreiecksverhältnis. Der Vorgesetzte fürchtet folglich immer wieder, sein Gehilfe könnte selbst die Fäden in die Hand genommen haben.[56] Daher bezieht sich Krausser auch an einer Stelle auf das Andersen-Märchen vom verlorenen Schatten, unter dessen »Zuhilfenahme« der Roman »UC« geschrieben wurde. Als Lukian eine kurze Affäre mit Sofie beginnt, kommentiert dies Alexander: »Anfänglich war ich besorgt, dass er Sofie nicht ernstlich lieben würde, dass er in Wahrheit nur mich übertrumpfen oder demütigen wollte, dass er es sich in meiner Rolle gutgehen ließ – der Schatten, der seinen Herrn ausbootet und endlich für sich zu leben beginnt.«[57]

»UC« und »Eros« ließen sich in vielerlei Hinsicht miteinander vergleichen, denn der Vorgängerroman bildet insofern die »Summe« von Kraussers Werk[58], als er offensiv die eigentümliche Kreativität des Romanschreibens reflektiert. Die Figuren erleben sich darin als das, was sie sind: Elemente eines Textes, die von einem Autor beobachtet werden. Für eine Romanfigur bildet die »reale Welt des sie erschaffenden Autors« den »Hyperchronos«.[59] Der Autor probiert verschiedene Möglichkeiten seiner Geschichte aus, nur dass in diesem Fall die Versuche selbst zur Handlung werden und als eine Art Werkstattbericht des Autors in Erzählform stehen bleiben. Krausser, der – auch im Fall von »Eros«[60] – immer wieder auf den Umfang der Konvolute hinweist, aus denen er die veröffentlichten Romane herausschält, stellt hier gleichsam eine kritische Ausgabe des Romans in Romanform zusammen.

Der Roman als Dokumentation jener Arbeitsintensität, deren Produkt er ist, verlangt nach einer bestimmten Aufmerksamkeitsinvestition seitens des Lesers. Sorglosigkeit im Umgang mit dem Kunstwerk stellt einen *faux pas* dar: »Im Hugendubel sehe ich einen jungen Mann, der in *UC* blättert. Er liest wahllos irgendwelche Seiten – dann den Schluss. Empörend.«[61]

»UC« handelt von einer Schreiberfahrung: Der Autor spielt zwar die Rolle eines »Maximus Creator«[62], aber im Verlauf des Produktionsprozesses treten ihm die Figuren, seine »Schatten«, mit einer gewissen Eigenmächtigkeit entgegen – immerhin trägt der alles überragende Geist in »UC« den »unheroischen Vornamen« »Helmut« und wird in einer sehr kleinen Type geschrieben.[63] Der Autor, so Krausser, »kratzt« den »schwarzen text«, der »schon da« ist, »bevor wir den stift ansetzen«, lediglich »unter der weißen schicht« heraus.[64] Diese abhängige Form der Schöpferkraft, durch die Kunst für den

›Traditionalisten‹ Krausser zum »Mannschaftssport« wird, spiegelt sich auch in seinen anagrammatischen Vorlieben. In »UC« etwa tauchen die Buchstaben aus Kraussers Name »fast« im Namen des Autors »Samuel Kurthes« auf.[65] Autorschaft stellt sich als Form der Verschiebung des Vorhandenen dar.

Das Motto-Gedicht von »Eros«, ein Anagramm auf Paul Celans »Niemandsrose«, kann daher als Programm gelesen werden. Der Roman präludiert sich als Produkt der kreativen Anagrammatik: »Dorn. Nie Masse. / Minna des Eros / deines Romans – / sondereinsam / im so rasenden / Daemonenriss / maroden Seins, / das sie normen. // Dann reim es so. / Mein so andres – / o send es mir. An / Nemos Eisrand, / an Nimrods See, / Niemandsrose, / Ordensname: I. S. / Denn Amor seis. // *Inge Schulz (geprüft und für unbedenklich befunden)*«. Die Autorin, Verwalterin von Material, tritt als Figur eines Romans auf (»Minna des Eros / deines Romans«). Sie reflektiert damit einen Eindruck, den Lukian gegenüber dem Lohnschreiber im Roman formuliert: »Wir beide, Alexander und ich, seien uns ja wesensverwandt. Im Grunde würde ich innerhalb meines Romans dasselbe tun, was Alexander getan habe, ich auf dem Papier, er im Freiluftgehege des Lebens. Alle Menschen würden irgendwann zu Figuren, und die Macht, die ich als Autor ausüben würde, sei vergleichbar mit jener Alexanders über die Wirklichkeit.«[66]

Die Pointen des Gedichts erschließen sich aus dem Handlungsverlauf und belegen damit einerseits die Verlässlichkeit und Gestaltungsfähigkeit des Autors, der keine blinden Motive einbaut. Andererseits wird als Abfassungszeitpunkt das DDR-Exil Sofies gesetzt: Dort erhält sie den Decknamen Inge Schulz. Ihre Autorschaft steht unter dem Zensurvorbehalt der Stasi (»geprüft und für unbedenklich befunden«), an deren Gewalt auch Alexanders Macht seine Grenzen findet – im Konflikt mit ihr erkennt sich Alexander als fremdgelenkte Figur. Diese Schleifen der Verantwortlichkeit, einer gleichsam ›fraktalen‹ Struktur[67], greifen schließlich auch auf den Autor von »Eros« über, der in einem Interview als biografisches Substrat die erfolglose Liebe zu einem »Mädchen« nennt. Diese »Obsession« habe sich »verflüchtigt« und damit den Weg zur literarischen Verwertung frei gemacht.[68]

Zwar sei »Eros« – so Krausser weiter – in der »Hauptsache ein Roman über die Illusion der reinen Selbstbestimmung der Existenz« und liefere allenfalls »nicht bewusst« eine »Poetologie«. Aber immerhin erinnert Alexander von Brückens Habitus den Lohnschreiber an die Verhaltensformen eines Verlegers[69], und Lukian fingiert eine Tätigkeit als freier Lektor.[70] Von der Schlussbemerkung aus lassen sich ›existenzielle‹ und ›poetologische‹ Dimensionen ohnehin nicht mehr trennscharf unterscheiden: »EROS entstand in der ersten Fassung 1997, in der siebzehnten und letzten 2005.«[71] Demzufolge übt der Roman auf seinen Autor offenbar doch eine ›obsessive‹ Anziehungskraft aus, so wie sich Kraussers Gesamtwerk als ›obsessive‹ Variation und Transformation von Themen, Motiven und Figuren entwickelt.

Die ›Obsessionen‹ des Autors sind auf ein nicht weniger ›obsessives‹ Leseverhalten angewiesen, das ein unstillbares Begehren antreibt und das den Mangel immer nur bei sich und nicht beim Objekt der Begierde sucht. So ruft etwa der Hinweis auf Fassungen, die der Leser – bis auf eine Ausnahme[72] – nicht kennen kann, zur Mitbeobachtung des Abwesenden auf. Die poetologische Figur vom ›Ende des Werks‹, von der ich ausgegangen bin, provoziert konzeptionell eine korrespondierende Form von Aufmerksamkeit. Denn die Rede vom Ende des Werks und damit vom Zusammenhang des Œuvres behauptet ihrerseits eine latente Anwesenheit des Gesamtwerks im Einzelwerk. Auch dadurch empfiehlt sich die Mitbeobachtung des Abwesenden (des Gesamtwerks) bei der Lektüre des Einzelwerks.

Anders gesagt: Krausser macht sein Werk strukturell zum idealen Objekt einer Obsession, die durch den Entzug der Erfüllung stimuliert wird. Die eigentümliche Unzufriedenheit, die »Eros« hinterlässt, wenn man sich als Leser die Suggestion ›vollständiger‹ Information und einer ›fertigen‹ Geschichte wünscht, spiegelt sich in der handlungsmotivierenden Unsicherheit der Figuren, nicht zuletzt in der erotomanen Psyche Alexander von Brückens. Das eigentliche »Happy End« des Romans, »Sofies Freiheit«[73], bedeutet dann auch, dass die Figur *einem* Autor (Alexander von Brücken) und den Augen des Lesers (im und außerhalb des Romans) zunächst entrückt wird. Zwar lässt Krausser sie zum Schluss (vermutlich) noch einmal auftreten. Aber auch in dieser Szene bleibt vieles unklar und unausgesprochen.

Wie der Eros stiftet auch diese Art des Erzählens eine Form der Zuneigung, die von Latenzen, Abwesenheiten und Leerstellen angeregt wird.[74] Das Gefühlsengagement der Romanfiguren und des Autors spiegelt sich daher in einem bestimmten Lesertypus wider. Dieser führt den generationentypischen »Zweifrontenkrieg« weiter, in dem sich Krausser als Vertreter einer hochriskanten ›Mitte‹ befindet. Der Krausser-Fan kombiniert die lustvolle Zuneigung der Leseerotik mit der Bereitschaft zur entsagungsvollen Investition von Lektürearbeit: »Eine Basis als Adressat zu besitzen, nicht, worauf Glücksritter abzielen, die breite Masse, nein, aber einen Trupp ausgehungerter Seelenverwandter, der gewillt blieb, Kunst mit allen Sinnen zu genießen, dafür aber auch ein wenig Mühe aufzuwenden. Diese Anhängerschaft wollte ich mir erobern.«[75]

Der Fan als »leidenschaftlicher Buchhalter« praktiziert »Philologie als Lebensform«.[76] Krausser muss sich daher keine Sorgen darum machen, ob »es einmal einen Studenten« gibt, »der in meinem Notizbuch forschen und an ihm verzweifeln wird«.[77] Er hat jene hingebungsvollen Leser schon gefunden, auf die sein Extremismus der Mitte zielt. Diese »ausgehungerten Seelenverwandten« dürften dem »Playboy« zustimmen, denn das Magazin, in dem vor rund 40 Jahren Leslie Fiedlers Ankündigung der Postmoderne mit der Aufforderung »Cross the border, close the gap« erschienen ist, meint zu

»Eros«: »ein Roman, der sich jetzt schon wie ein Klassiker liest«.[78] Ein gewisses Maß an ungestillter Leidenschaft gehört dazu. Das Leben hat »es nun mal an sich, meist unbefriedigend zu sein. Abgesehen von Momenten.«[79]

1 Helmut Krausser: »Eros«, Köln 2006, S. 35. — **2** Ebd., S. 120. — **3** Ebd., S. 174. — **4** Helmut Krausser: »März. April. Tagebuch des März 2003. Tagebuch des April 2004«, Reinbek 2006, S. 117. — **5** Ebd., S. 60. — **6** Ebd., S. 343. — **7** Ebd., S. 319. — **8** Ebd., S. 8. — **9** Ebd., S. 181, 188. — **10** Ebd., S. 324. — **11** Ebd., S. 346. — **12** Titus Keller: »Aussortiert«, Frankfurt/M. 2007. — **13** Krausser: »März. April«, a. a. O., S. 225 f. — **14** Vgl. hierzu auch Steffen Martus: »Kindermörder in der Erlebnisgesellschaft. Helmut Kraussers Hagen-Trinker-Trilogie im Kontext der Literaturgeschichte seit 1989«, in: Claude D. Conter / Oliver Jahraus (Hg.): »Sex – Tod – Genie. Beiträge zum Werk von Helmut Krausser«, Göttingen 2009, S. 249–268. — **15** Zur Zäsur vgl. Meike Herrmann: »Die Historisierung hat begonnen. Die Gegenwartsliteratur seit 1990 als Gegenstand der Lektüre und Forschung«, in: »Zeitschrift für Germanistik« N.F. 16 (2006), S. 109–118. — **16** Dokumentiert in dem Band: Uwe Wittstock (Hg.): »Roman oder Leben. Postmoderne in der deutschen Literatur«, Leipzig 1994. — **17** Signifikant sind dafür insbesondere der Debattenbeitrag von Uwe Wittstock (»Ab in die Nische? Über neueste Literatur und was sie vom Publikum trennt«, in: Andrea Köhler / Rainer Moritz (Hg.): »Maulhelden und Königskinder. Zur Debatte über die deutschsprachige Gegenwartsliteratur«, Leipzig 1998, S. 86–104) sowie die Selbstpositionierung der sogenannten »78er«-Generation (Matthias Politycki: »Die Farbe der Vokale. Von der Literatur, den 78ern und dem Gequake der Frösche«, München 1998). — **18** Dokumentiert in dem Band: Köhler / Moritz (Hg.): »Maulhelden und Königskinder«, a. a. O. — **19** Zitate nach Kerstin Gleba / Eckhard Schumacher (Hg.): »Pop seit 1964«, Köln 2007, S. 200. — **20** Die folgenden Zitate stammen aus einer E-Mail von Helmut Krausser vom 8. Juli 2007. Ich danke Helmut Krausser vielmals für die Erlaubnis, daraus zitieren zu dürfen. — **21** Vgl. z. B. Krausser: »September. Tagebuch des September 1996«, München 1997, 349 f.: »Beatrice, die inzwischen sowas wie ein Archiv betreibt, bringt die Auswertung der fast 300 Thanatos-Kritiken vorbei. 57 % Hymnen, 27 % Vermischtes, nur 16 % Verrisse, weniger als erwartet. Die aber dafür hasserfüllter und unverschämter als je zuvor. Der saudumme Spiegel-Artikel war eigentlich nur deshalb ein Ärgernis, weil das Pamphlet drei (Rekord!) Wochen vor Erscheinen des Buches kam. Während dieser Zeit mussten die Luchterhand-Vertreter durchs Land reisen und den Buchhändlern erklären, warum der Roman trotzdem gut ist. Das hat uns sicher 5000 Stück gekostet. Hoffnung schöpfen ließ die enorme Solidaritätswelle, die jenem Totschlagsversuch geantwortet – widersprochen hat«. — **22** So meine unglückliche Formulierung in der Besprechung der »Kartongeschichte«: »Vorerst ohne Bonusmaterial. ›Kartongeschichte‹: Helmut Krausser fasst sich kurz«, in: »Süddeutsche Zeitung«, 18.4.2007. Vgl. z. B. neben der im Folgenden zitierten Rezension aus der »Frankfurter Allgemeinen Zeitung« auch Wolfgang Höbel im »Kultur Spiegel« (10.2006) sowie Rainer Moritz in der »Neuen Zürcher Zeitung« (7.10.2006). — **23** Z. B. die Anzeigen in »Brigitte« (27.9.2006) sowie in den »Kulturnews« (9.2006); Karin Cerny: »Genie & Handwerk«, in: »profil«, 25.9.2006; Werner Fuld: »Nachgetragene Liebe«, in: »Focus«, 11.9.2006. — **24** Ihm dient die Geschichte als »Kulisse« (so im Interview mit Klaus Nüchtern im »falter«, http://www.falter.at/web/shop/detail. php?id=6429&SESSID=afea654fdd3d790bb2c277410c1d91c3, Download vom 21.8.2007). — **25** Vgl. z. B.: »Eros«, a. a. O., S. 179, 199. — **26** Ausführliche Materialien zum Boom der Generationenkonzepte in den 1990er Jahren unter: http://www.single-generation.de/debatte/einfuehrung.htm (Download vom 27.7.2007). — **27** Krausser: »Eros«, a. a. O., S. 27. — **28** Franz Josef Görtz u. a. (Hg.): »Deutsche Literatur 1995. Jahresrückblick«, Stuttgart 1996, S. 262 f. — **29** »Frankfurter Allgemeine Zeitung«, 4.10.2006. — **30** »Süddeutsche Zeitung«, 21.9.2006. — **31** Vgl. dazu auch Stefan Neuhaus: »Zwischen Wahn und

Wirklichkeit. Helmut Krausser und die Literaturkritik«, in: Conter/Jahraus (Hg.): »Sex – Tod – Genie«, a.a.O., S. 297–314. — **32** Jamal Tuschick im »Rheinischen Merkur« (12.3.1993) über »Melodien«; vgl. auch Verena Auffermann in der »Süddeutschen Zeitung« (13./14.3.1993). — **33** Tilman Krause im »Tagesspiegel« (22.2.1996). — **34** Dieter Borchmeyer in der »Frankfurter Allgemeinen Zeitung« (30.3.1993). — **35** Gerhard Schulz in der »Frankfurter Allgemeinen Zeitung« (13.4.1996). — **36** Andrea Köhler in der »Neuen Zürcher Zeitung« (23.5.1996). — **37** So wiederum Andrea Köhler in der »Neuen Zürcher Zeitung« (23.5.1996). — **38** Volker Weidermann: »Lichtjahre. Eine kurze Geschichte der deutschen Literatur von 1945 bis heute«, 3. Aufl., Köln 2006, S. 270. — **39** Krausser: »März. April«, a.a.O., S. 226 f. — **40** Helmut Krausser: »Schweine und Elefanten«, Reinbek 2000, S. 33. — **41** Krausser: »Eros«, a.a.O., S. 64. — **42** Ebd., S. 151. — **43** Vgl. z.B. ebd., S. 155, 173. — **44** Ebd., S. 244. — **45** Ebd., S. 284. — **46** Helmut Krausser: »Kartongeschichte«, Hamburg 2007, insbes. S. 90 f. — **47** Helmut Krausser: »Mai. Juni. Tagebuch des Mai 1992. Tagebuch des Juni 1993«, Reinbek 1995, S. 205. — **48** Krausser: »Eros«, a.a.O., S. 24. — **49** Ebd., S. 25. — **50** Ebd., S. 27. — **51** Ich belege hier und im Folgenden ein Zitat nach der ausführlichen Fassung eines Interviews, das nur in gekürzter Fassung erschienen ist und das Helmut Krausser mir freundlicherweise zur Verfügung gestellt hat (E-Mail vom 14.7.2007). Zum Thema vgl. auch Oliver Jahraus: »Die Geburt des Autors Helmut aus dem Geist der Romantik. Zum Konzept der Autorschaft im erzählerischen Werk Helmut Kraussers«, in: Conter/Jahraus (Hg.): »Sex – Tod – Genie«, a.a.O., S. 23–42 (zu »Eros«, S. 39 f.). — **52** Ebd. — **53** Krausser: »Eros«, S. 127. — **54** Ebd., S. 95. Vgl. ebd., S. 99, 129, 143. — **55** Vgl. ebd., S. 12 f., 157, 211, 231, 266. — **56** Vgl. ebd., S. 305. — **57** Ebd., S. 222. — **58** Krausser: »März. April«, a.a.O., S. 26. — **59** Ebd., S. 47. — **60** »Versucht hab ich's ja. Die erste Fassung bestand aus 300 Seiten, die die Zeit von November 1943 bis April 1945 beschrieb. Sie können es hochrechnen: Bei diesem Tempo hätte ich etwa 2800 Seiten gebraucht. So was wollte ich nicht auf die Welt loslassen. Also hab ich das Buch erst mal weggelegt, die erste Fassung vernichtet und gedacht: Als Roman geht das nicht. Vielleicht als Film. Also wurde ein Drehbuch für Tom Tykwer draus. Der meinte allerdings, der Film würde trotzdem noch fünf Stunden dauern und 50 Millionen kosten. Er hat sich dann fürs ›Parfüm‹ entschieden. Aber ich hatte plötzlich eine Idee, wie man den Stoff vielleicht doch auf 500 Seiten bändigen kann. In Gesprächsform. Der Ghostwriter war auch nötig, um die Dreiermenage Alexander – Sofie – Lukian so zu erhellen, dass dennoch etwas im Dunkeln bleibt. Am Ende hab ich es in 320 Seiten geschafft, die ganze Geschichte zu erzählen, worauf ich sehr stolz bin« (Interview mit Sascha Seiler; http://www.intro.de/magazin/buecher/23038013, Download vom 21.8.2007). — **61** Ebd., S. 116. — **62** Ebd., S. 48. — **63** Vgl. Helmut Krausser: »UC. Unter Zuhilfenahme eines Märchens von H.C. Andersen«, Reinbek 2004, S. 475. »Leider wird für viele selbst dann die Selbstironie nicht klar« (TB 2003, S. 48). — **64** Krausser: »März. April«, a.a.O., S. 51. — **65** Ebd., S. 109. — **66** Krausser: »Eros«, a.a.O., S. 209. — **67** Ebd., S. 174, 209. — **68** So in einem Interview mit Sascha Seiler (http://www.intro.de/magazin/buecher/23038013, Download vom 21.8.2007). — **69** Ebd., S. 11. — **70** Ebd., S. 174. — **71** Ebd., S. 319. — **72** Ebd., S. 181, 192. — **73** Im Interview erklärt Krausser: »Der Roman findet zum einzig möglichen Happy End, Sofies Freiheit. Alexander hat sich diese Frau nicht wirklich verdient, das weiß er, und eben deswegen versucht er ja, mittels des Ghostwriters, sich posthum einen Roman zu erkaufen, der all das festhält, was seine Liebe nicht festzuhalten imstande war. Der Ghostwriter aber hat sich am Ende eben nicht komplett kaufen lassen, er bewahrt der Geschichte ihre Wahrhaftigkeit. Die Schlusspointe markiert das Dilemma einer ganzen Generation« (wiederum nach dem Interview, das mir Helmut Krausser zur Verfügung gestellt hat; E-Mail vom 14.7.2007). — **74** Vgl. auch Katrin Schuster: »Von der Liebe, die nur im Roman leben darf«, in: »Stuttgarter Zeitung«, 4.10.2006 (Literaturbeilage). — **75** Krausser: »März. April«, a.a.O., S. 227. — **76** Thomas Steinfeld: »Der leidenschaftliche Buchhalter. Philologie als Lebensform«, München, Wien 2004. — **77** Krausser: »März. April«, a.a.O., S. 138. — **78** »Welt um Sofie. Helmut Kraussers neuer Roman widmet sich der Liebe – der unerfüllten«, in: »Playboy« 9, 21.8.2006. — **79** Krausser: »Eros«, a.a.O., S. 174.

Lutz Hagestedt / Tom Kindt

Helmut Krausser – Auswahlbibliografie

Die folgende Literaturauswahl beschränkt sich im Bereich der Sekundärliteratur auf wissenschaftliche Publikationen. Hinweise auf Rezensionen oder andere Texte in der Tages- und Wochenpresse lassen sich etwa in der Bibliografie des Helmut Krausser-Artikels im »Kritischen Lexikon zur deutschsprachigen Gegenwartsliteratur« (KLG) finden sowie im Internet unter: <http://www.klgonline.de>.

1. Primärliteratur

1.1 Werke

Sonnenaufgang in der Hölle. Gedichte ’81–’83. Gilching (Selbstverlag) 1983.

Könige über dem Ozean. Roman. München, Hamburg (Knaus) 1989. Taschenbuchausgabe: Reinbek (Rowohlt) 1994.

Spielgeld. Erzählungen und andere Prosa. München (Kirchheim) 1990. Taschenbuchausgabe: Reinbek (Rowohlt) 1994.

Fette Welt. Roman. München, Leipzig (List) 1992. Taschenbuchausgabe: Reinbek (Rowohlt) 1993.

Mai. Tagebuch des Mai 1992. München (belleville) 1993. Taschenbuchausgabe: Mai. Juni. Reinbek (Rowohlt) 1995.

Melodien oder Nachträge zum quecksilbernen Zeitalter. Roman. München, Leipzig (List) 1993. Taschenbuchausgaben: Frankfurt/M. (Fischer) 1994. Reinbek (Rowohlt) 2002.

Die Zerstörung der europäischen Städte. Erzählungen. München, Leipzig (List) 1994. Taschenbuchausgabe: Frankfurt/M. (Fischer) 1995.

Juni. Tagebuch des Juni 1993. München (belleville) 1994. Taschenbuchausgabe: Mai. Juni. Reinbek (Rowohlt) 1995.

Juli. Tagebuch des Juli 1994. München (belleville) 1996. Taschenbuchausgabe: Juli. August. September. Reinbek (Rowohlt) 1998.

August. Tagebuch des August 1995. München (belleville) 1996. Taschenbuchausgabe: Juli. August. September. Reinbek (Rowohlt) 1998.

Das Liebesleben des Giacomo Müller. Erzählungen. Reinbek (Rowohlt) 1996.

Thanatos. Das schwarze Buch. Roman. München (Luchterhand) 1996. Taschenbuchausgaben: München (Goldmann) 1998. München (btb) 2007.

September. Tagebuch des September 1996. München (belleville) 1997. Taschenbuchausgabe: Juli. August. September. Reinbek (Rowohlt) 1998.

Der große Bagarozy. Roman. Reinbek (Rowohlt) 1997. Taschenbuchausgabe: Reinbek (Rowohlt) 1999.

Oktober. Tagebuch des Oktober 1997. München (belleville) 1998. Taschenbuchausgabe: Oktober. November. Dezember. Reinbek (Rowohlt) 2000.

Das Kaninchen das den Jäger erschoss und andere bizarre Todesfälle. Hg. zus. mit Marcel Hartges. Reinbek (Rowohlt) 1999.

Gedichte ’79–’99. München (belleville) 1999.

Schweine und Elefanten. Roman. Reinbek (Rowohlt) 1999. Taschenbuchausgabe: Reinbek (Rowohlt) 2000.

November. Tagebuch des November 1998. München (belleville) 1999. Taschenbuchausgabe: Oktober. November. Dezember. Reinbek (Rowohlt) 2000.

Dezember. Tagebuch des Dezember 1999. München (belleville) 2000. Taschenbuchausgabe: Oktober. November. Dezember. Reinbek (Rowohlt) 2000.

Januar. Tagebuch des Januar 2001. München (belleville) 2001. Taschenbuchausgabe: Januar. Februar. Reinbek (Rowohlt) 2003.

Schmerznovelle. Reinbek (Rowohlt) 2001. Taschenbuchausgabe: Reinbek (Rowohlt) 2002.
Februar. Tagebuch des Februar 2002. München (belleville) 2002. Taschenbuchausgabe: Januar. Februar. Reinbek (Rowohlt) 2003.
Wenn Gwendolin nachts schlafen ging. Zus. mit Susanne Straßer. München (Kunstmann) 2002.
März. Tagebuch des März 2003. München (belleville) 2003. Taschenbuchausgabe: März. April. Reinbek (Rowohlt) 2006.
Strom. Neunundneunzig neue Gedichte ('99–'03). Reinbek (Rowohlt) 2003.
Stücke '93–'03. Mit einem Vorwort von Peter Michalzik. Frankfurt/M. (Fischer) 2003.
UC [Ultrachronos]. Roman. Unter Zuhilfenahme eines Märchens von H.C. Andersen. Reinbek (Rowohlt) 2003. Taschenbuchausgabe: Reinbek (Rowohlt) 2004.
April. Tagebuch des April 2004. München (belleville) 2004. Taschenbuchausgabe: März. April. Reinbek (Rowohlt) 2006.
Die wilden Hunde von Pompeii. Eine Geschichte. Idee und Illustrationen: Beatrice Renauer. Reinbek (Rowohlt) 2004. Taschenbuchausgabe: Reinbek (Rowohlt) 2006.
Eros. Roman. Köln (DuMont) 2006. Taschenbuchausgabe: München (btb) 2008.
Kartongeschichte. Roman. Hamburg (Marebuch) 2007. Taschenbuchausgabe: München (btb) 2008.
Plasma. Gedichte 03–07. Köln (DuMont) 2007.
Aussortiert. [unter dem Pseudonym Titus Keller] Frankfurt/M. (Eichborn) 2007.
Der erotische Pepys [Tagebuch]. Ausgewählt von Helmut Krausser; übersetzt und kommentiert von Georg Deggerich. Frankfurt/M. (Eichborn) 2007.
Die Jagd nach Corinna. Eine Puccini-Recherche. München (belleville) 2008.
Die kleinen Gärten des Maestro Puccini. Roman. Köln (DuMont) 2008. Taschenbuchausgabe: München (btb) 2010.
Auf weißen Wüsten. Die besten Gedichte. München (Luchterhand) 2009.
Einsamkeit und Sex und Mitleid. Roman. Köln (DuMont) 2009.
Substanz. Das beste aus den Tagebüchern. Köln (DuMont) 2010.

1.2 Theater, Oper

Lederfresse. Uraufführung: 16.4.1994. Thalia-Theater in der Kunsthalle (tik), Hamburg. Regie: Nicolai Sykosch.
Spät Weit Weg. Groteske! Bubenstück, infames! Uraufführung: 11.1.1997. Staatstheater Darmstadt (Kleines Haus). Regie: Thomas Krupka.
Haltestelle. Geister. Uraufführung: 29.9. 2000. Deutsches Schauspielhaus, Hamburg (Großes Haus). Regie: Jan Bosse.
Über Los (Montag). Uraufführung: 23.10. 2002. Kulturfabrik Esch/Alzette, Theater GmbH Luxemburg. Regie: Christian Kmiothek, Eva Paulin.
Denotation Babel. Inszeniertes Hörspiel. Szenische Uraufführung: 19.1.2003. Schauspiel Frankfurt (Kommunikationsfabrik). Konzept, Komposition, Musik, Inszenierung, Regie: HCD (Hermann Kretzschmar, Cathy Milliken, Dietmar Wiesner).
Diptychon. Dienstag – Mittwoch. [Groteske]. Uraufführung: 27.5.2005. Ruhrfestspiele Recklinghausen. Premiere der Produktion des Nationaltheaters Weimar: 27.8.2005. Deutsches Nationaltheater Weimar. Regie: Claudia Meyer.
Unser Lied. Gesang vom Untergang Burgunds – Nibelungendestillat. Uraufführung: 30.9.2005. Theater der Bundesstadt Bonn (Halle Beuel). Regie: Kay Voges.
Donnerstag – Die Fürsten. Auftragsarbeit für die »Frankfurter Positionen 2003«. Uraufführung: Oktober 2003. Weitere Premiere: 27.10.2005. Monsun-Theater, Hamburg. Regie: René Braun.
Johanna-Zyklus. Uraufführung nach einem Drehbuch: 3.10.2000. Theater im Marstall, München. Realisation: Marc Weis, Martin De Mattia.
Die Tragödie vom Leben und Sterben des Julius Cäsar [freie Übertragung des Stückes von William Shakespeare]. Uraufführung: 14.3.2007. Burgtheater, Wien. Regie: Falk Richter.
Afrika (Freitag). Uraufführung: 16.3.2007. Theater Oberhausen. Regie: Katja Lauken.
Cosima. Operettenlibretto für Siegfried Matthus. Uraufführung: 28.4.2006. Staatstheater Braunschweig.
Helle Nächte. Oper nach Motiven aus »1001 Nacht« und den »Mysterien« von Knut Hamsun. Opernlibretto. Musik: Moritz

Eggert. Uraufführung der Neufassung: 26.8.2006. Theater Hagen. Regie: Roman Hovenbitzer. Musikalische Leitung: Antony Hermus. Dramaturgie: Christian Wildhagen.

1.3 Hörbücher, Hörspiele, CDs

Denotation Babel. Hörspiel. Uraufführung: Hessischer Rundfunk, Deutschlandradio Berlin (hr 2), 29.4.1998, 20.30–21.30 Uhr. Komposition und Regie: HCD (Hermann Kretzschmar, Cathy Milliken, Dietmar Wiesner). Dramaturgie: Manfred Hess.

Genie & Handwerk: Bootleg. CD. München (belleville) 1999.

Kammermusik. CD. München (belleville) 1999.

Der große Bagarozy. In: NDR 3, 29.9.1999, 20 Uhr. Regie: Norbert Schaeffers.

Diptychon. Dienstag. Ursendung und Produktion: BR 2000. Hörspiel nach dem gleichnamigen Theaterstück. Regie: Bernhard Jugel, Helmut Krausser.

Schmerznovelle. In: BR 2, 16.11.2001, 22.05 Uhr. Regie: Bernhard Jugel, Helmut Krausser.

Genie & Handwerk: Reunion. München (belleville) 2001.

Schmerznovelle. Audio-CD. 4 CDs. Sprecher: Helmut Krausser. München (Der Hörverlag) 2002.

Amouren. Gedichte über die Liebe und alles, was damit einhergeht. Audio-CD. Regie: Helmut Krausser. Sprecher: Helmut Krausser, Ulrich Mühe, Susanne Müller-Wolff, Sophie Rois. Berlin (Audio Pool) 2004.

Nahrungsaufnahme während der Zeitnotphase – Gedankenprotokoll einer Schachpartie aus der subjektiven Warte des Weißspielers. Hörspiel. Uraufführung: November 2005. Hessischer Rundfunk (hr 2). Regie: Niki Stein. Komposition: Dietmar Wiesner.

Eros. Roman. Audiobook. 9 CDs. Regie: Walter Adler. Sprecher: Ernst Jacobi, Sylvester Groth. Dänikon (Hörkultur Medien) 2008.

Laute und leise weibliche Schreie. In: Nordwestradio (RB), 15.4.2009. Regie: Niki Stein.

Einsamkeit und Sex und Mitleid. Audiobook. 4 CDs. Sprecher: Andreas Petri. Hamburg (Jumbo Neue Medien & Verlag) 2009.

1.4 Gespräche, Interviews

Irmer, Thomas: Mit Pathos. Helmut Krausser antwortet auf Fragen von Thomas Irmer. In: Theater der Zeit 57 (2002). H. 12. S. 56.

Fasthuber, Sebastian: »›Ich bin absolut Größenwahnsinnig‹. Seit 15 Jahren polarisiert Helmut Krausser mit seinen Büchern Leser und Kritiker. Mit Sebastian Fasthuber sprach er über seinen neuen Roman Die wilden Hunde von Pompeii, seine sehr gute Lyrik und die kafkaeske Klappsmühle des Schreibens«. In: Volltext (Oktober 2004).

Großmann, Patrick: »›Den Hang zur ständigen Verfeinerung überlasse ich anderen‹. 3.12.2004 in Helmut Kraussers mit Büchern und DVDs reich bestückter Kreuzberger Zweitwohnung«. In: Galore. Das Interviemagazin (Mai 2005). Nr. 8. S. 88–93.

Zeyringer, Klaus / Gmünder, Stefan: »Klassiker und Drecksäue. Daniel Kehlmann und Helmut Krausser im Gespräch über das Verhältnis von Ästhetik und Moral, die Ironie bei Céline und den Rang der Gegenwartsliteratur. In: Volltext (Februar – März 2006).

Bücken, Tine / Beer, Fabian: »›Nicht jeder Rausch, den man hat, passt zu jedem Projekt, das man macht‹. Ein offenes Gespräch mit Helmut Krausser«. In: Kritische Ausgabe (Sommer 2007). S. 34–41.

1.5 Beiträge in Anthologien, Zeitungen und Zeitschriften

Zyklop. In: Stéphane Coutelle: »Me, myself and I«. Selbstporträts 1985–1993. Mit einer Erzählung von Helmut Krausser. München (Kehayoff) 1993. S. 5–11.

Lederfresse (mit der WRROOMMM Kettensäge). Tour de Farce. In: Theater heute 35 (1994). H. 6. S. 44–49. Sowie in: Susanne Wolfram / Uwe B. Carstensen (Hg.): Theater Theater. Anthologie. Aktuelle Stücke 4. Frankfurt/M. (Fischer) 1994. S. 167–197.

Schriftsteller im Kreuzverhör. Fünf deutsche Autoren (natürlich zornig) beantworten zehn persönliche Fragen (natürlich ehrlich). In: Prinz (Februar 1995). Nr. 2. S. 58–59.

Aus dem totgesagten Park. Entgegnung auf Karl Bruckmaiers »Leichenrede am Grab der Klassik«. In: Süddeutsche Zeitung, 17.10.1995.

Spät Weit Weg. Groteske! Bubenstück, infames. In: Uwe B. Carstensen / Stefanie von Lieven (Hg.): Theater Theater. Anthologie. Aktuelle Stücke 6. Frankfurt/M. (Fischer) 1996. S. 187–234.

Die Frage steht im Weltraum. Wenn die Wirklichkeit nur noch eine Möglichkeit von vielen erlebbaren Welten ist. In: Süddeutsche Zeitung, 20./21.9.1997.

In libris. In: Thomas Tebbe (Hg.): Wenn Kopf und Buch zusammenstoßen. Ein Lesebuch übers Lesen. München, Zürich (Piper) 1998. S. 72–77.

Gier. In: Tanja Rauch (Hg.): Iss was. Schriftstellerinnen und Schriftsteller stürmen das kalte Buffet. Köln (Kiepenheuer & Witsch) 1998. S. 21–23.

Der Autor und der Verlust der Autorität. Helmut Krausser über Kino im allgemeinen und die Verfilmungen seiner Bücher im besonderen. In: Süddeutsche Zeitung, 28.1.1999.

Der Sänger des Drecks. Bücher, die das Jahrhundert verändert haben: Céline »Reise ans Ende der Nacht«. In: Die Welt, 30.4.1999.

Diptychon. Dienstag – Mittwoch. In: Uwe B. Carstensen / Stefanie von Lieven (Hg.): Theater Theater. Anthologie. Aktuelle Stücke 9. Frankfurt/M. (Fischer) 1999. S. 287–311.

Vorwort: In: Albert Ostermaier: The Making Of. Radio Noir. Stücke. Frankfurt/M. (Suhrkamp) 1999. S. 9–11.

Sterbekerbe. Für Ernst Jandl. In: Süddeutsche Zeitung, 14.6.2000.

Steine Fliegen & Bäume. In: Die Welt, 1.7. 2000.

Video. In: Die Welt, 2.12.2000.

Warum nicht? Eine Menschheit, die nicht das Ziel hat, Gott zu werden, ist unheimlich und langweilig. In: Die Zeit, 28.12.2000.

Am Fluss. Annika ist wie du und ich. Und manchmal ganz anders. Erzählung. In: Amica (April 2001). Nr. 16. S. 190.

[Fünf Beiträge]. In: Sven Lager / Elke Naters (Hg.): the Buch. leben am pool. Köln (Kiepenheuer & Witsch) 2001. S. 16–18, 130–132, 274–275, 300, 343.

Screening. Aus den Memoiren eines Programmdirektors. In: Verena Auffermann (Hg.): Beste deutsche Erzähler 2001. Stuttgart, München (Deutsche Verlags-Anstalt) 2001. S. 285–305.

Haltestelle. Geister. Trash-Oper im breiten Stil. In: Uwe B. Carstensen / Stefanie von Lieven (Hg.): Theater Theater. Anthologie. Aktuelle Stücke 11. Frankfurt/M. (Fischer) 2001. S. 141–206.

Unser Lied. Gesang vom Untergang Burgunds – Nibelungendestillat. In: Theater der Zeit 57 (2002). H. 12. S. 57–71.

Donnerstag – Die Fürsten. In: Helmut Krausser / Dea Loher / Alissa Walser / Gisela von Wysocki: Warum nicht würfeln. Gestaltungsmöglichkeiten zu Beginn des 21. Jahrhunderts. Vier Theaterstücke. Frankfurt/M. (Verlag der Autoren) 2003. S. 11–52.

Meine erste Zweitwelt. In: Uwe Naumann (Hg.): Verführung zum Lesen. Zweiundfünfzig Prominente über Bücher, die ihr Leben prägten. Reinbek (Rowohlt) 2003. S. 125–127.

Die Wahrheit ist ein toter Hund. Eine Erzählung. In: Frankfurter Allgemeine Sonntagszeitung, 13.7.2003.

Der Ersatzvater. Zu Charles Bukowskis 10. Todestag. In: Frankfurter Allgemeine Sonntagszeitung, 7.3.2004.

Einst im Mai. In: Frankfurter Allgemeine Sonntagszeitung, 3.10.2004.

Vorweihnacht. In: Frankfurter Allgemeine Sonntagszeitung, 28.11.2004.

Fragebogen. In: Börsenblatt, 24.3.2005.

Puccinis größtes Geheimnis. Das erstaunliche Leben der Sybil Seligmann, die zwanzig Jahre lang die Geliebte des Komponisten war. In: Frankfurter Allgemeine Sonntagszeitung, 8.1.2006.

o. T. [Aufzeichnungen einer Lesereise durch Deutschland]. In: Süddeutsche Zeitung Magazin, 13.10.2006.

Kurze Nachrede des Herausgebers. In: Der erotische Pepys [Tagebuch]. Ausgewählt von Helmut Krausser. Übersetzt und kommentiert von Georg Deggerich. Berlin (Eichborn) 2007. S. 211–214.

über rom, im lichten hain. In: Frankfurter Allgemeine Zeitung, 10.3.2007.

Puccinis große Liebe. Wer war Corinna? Das ist eines der größten Geheimnisse der Musikgeschichte. Drei Jahre war sie Giacomo Puccinis Geliebte. Alle kannten sie. Doch dann verschwand sie – beinahe ohne Spur. In: Frankfurter Allgemeine Sonntagszeitung, 8.4.2007.

mühe. In: Frankfurter Allgemeine Sonntagszeitung, 29.7.2007.

Sex ist die Erlösung. Wie D. H. Lawrence eine Sprache für unsere Obsessionen suchte – und dabei Schwulst und Wahrheit fand. In: Die Zeit, 6.12.2007.

Roy Bar. Schlager und Tragik. In: Uwe B. Carstensen / Stefanie von Lieven (Hg.): Theater Theater. Anthologie. Aktuelle Stücke 17. Frankfurt/M. (Fischer) 2007. S. 181–227.

Ich und Kehlmann. Und »Mahlers Zeit«. In: Text + Kritik 177: Daniel Kehlmann. (2008). H. 1. S. 54–57.

2. Sekundärliteratur

2.1 Allgemeines

Hagestedt, Lutz: »Helmut Krausser«. In: Heinz Ludwig Arnold (Hg.): Kritisches Lexikon der deutschsprachigen Gegenwartsliteratur. 53. Nachlieferung (Juli 1996). 8 S. plus Bibliografie.

Hölter, Achim: »Die immerwährende Oper oder Das ›Land, das südlich unserer Geburt liegt‹. Zu Helmut Kraussers Italien«. In: Anna Comi / Alexandra Pontzen (Hg.): Italien in Deutschland. Deutschland in Italien. Die deutsch-italienischen Wechselbeziehungen in der Belletristik des 20. Jahrhunderts. Berlin (Schmidt) 1999. S. 159–176.

Seidl, Claudius: »Melodien des Einfalls. Über Helmut Kraussers Arbeit am eigenen Gesamtwerk«. In: Thomas Kraft (Hg.): Aufgerissen. Zur Literatur der 90er. München (Piper) 2000. S. 177–185.

Hagestedt, Lutz: »Krausser, Helmut«. In: Thomas Kraft (Hg.): Lexikon der deutschsprachigen Gegenwartsliteratur. Bd. 2: K–Z. München (Nymphenburger) 2003. S. 727–730.

Bücken, Tine: »Die hohe Kunst der Selbstdarstellung. Helmut Krausser im Portrait«. In: Kritische Ausgabe 8 (2007). H. 1. S. 31–33.

Weidermann, Volker: »Die Erzähler: Helmut Krausser«. In: Volker Weidermann: Lichtjahre. Eine kurze Geschichte der deutschen Literatur von 1945 bis heute. München (btb) 2007. S. 268–270.

Jahraus, Oliver: »Die Geburt des Autors Helmut aus dem Geist der Romantik. Zum Konzept der Autorschaft im erzählerischen Werk Helmut Kraussers«. In: Claude D. Conter / Oliver Jahraus (Hg.): Sex – Tod – Genie. Beiträge zum Werk von Helmut Krausser. Göttingen (Wallstein) 2009. S. 23–42. (Im Folgenden als: »Conter / Jahraus 2009« mit Seitenangabe).

Conter, Claude D.: »Die Inthronisierung der Poesie im Gegenwartsroman. Zur Remythisierung romantischer Poesie im Werk von Helmut Krausser«. In: Conter / Jahraus 2009. S. 43–62.

Jürgensen, Christoph / Kindt, Tom: »Kunst und Macht im Werk Helmut Kraussers. Ein philologisches Destillat«. In: Conter / Jahraus 2009. S. 95–108.

Schumacher, Eckhard: »›Abfall für alle – und keinen‹. Helmut Krausser im Netz«. In: Conter / Jahraus 2009. S. 225–245.

Baßler, Moritz: »Blutiger Realismus. Zum Verfahren der Sinnstiftung in Helmut Kraussers Prosa«. In: Conter / Jahraus 2009. S. 269–282.

Neuhaus, Stefan: »Zwischen Wahn und Wirklichkeit. Helmut Krausser und die Literaturkritik«. In: Conter / Jahraus 2009. S. 297–314.

Teifel, Lena: »Helmut Kraussers Coverversionen als Interpretation von Gedichten Bertolt Brechts und Heinrich Heines«. In: Andrea Bartl (Hg.): Transitträume: Beiträge zu deutschsprachigen Gegenwartsliteratur. Augsburg (Wißner) 2009. S. 213–234.

Lamprecht, Tobias: Erzählen ist Macht. Sinnstiftung durch Narrativisierung und Metafiktion in Helmut Kraussers Romanen. München (Meidenbauer) 2009.

Bożek, Agnieszka: »Das Böse in ausgewählten Werken Helmut Kraussers«. In: Maria Kłańska (Hg.): Der Heiligen Schrift auf der Spur. Beiträge zur biblischen Intertextualität in der Literatur. Dresden, Wrocław (Neisse) 2009. S. 405–412.

2.2 Zu einzelnen Büchern

›Hagen Trinker-Trilogie‹: »Könige über dem Ozean« (1989), »Fette Welt« (1992), »Schweine und Elefanten« (1999)

Bluhm, Lothar: »Jugend und Jugendkultur in der zeitgenössischen Literatur. Zoë Jenny und Helmut Krausser«. In: Eva Neuland (Hg.): Jugendsprache, Jugendliteratur, Jugendkultur. Interdisziplinäre Beiträge zu sprachkulturellen Ausdrucksformen Jugendlicher. Frankfurt/M. u.a. (Lang) 2003. S. 217–234.

Conter, Claude D.: »Der Leidensweg aus der Gosse. Liminalität und die Stadt München in der Hagen-Trinker-Trilogie von Helmut Krausser«. In: Simone Hirmer / Marcel Schellong (Hg.): München lesen. Beobachtungen einer erzählten Stadt. Würzburg (Königshausen & Neumann) 2008. S. 223–233.

Martus, Steffen: »Kindermörder in der Erlebnisgesellschaft. Zu Helmut Kraussers Hagen-Trinker-Trilogie im literaturgeschichtlichen Kontext«. In: Conter/Jahraus 2009. S. 249–268.

»Tagebücher«, zwölf Bände, »Januar – Dezember« (1992–2004)

Kehlmann, Daniel: »Der Mai begann fürchterlich. Helmut Kraussers Tagebücher«. In: Daniel Kehlmann: Wo war Carlos Montúfar? Über Bücher. Reinbek (Rowohlt) 2005. S. 125–131.

Rehfeldt, Martin: »Der Poeta vates und die Dekonstruktion. Die Inszenierung von Intentionalität im Tagebuchprojekt Helmut Kraussers als Voraussetzung für eine poststrukturalistische Rezeption seiner Texte«. In: Deutsche Bücher. Forum für Literatur 35 (2005). H. 3. S. 189–216.

Rehfeldt, Martin: »Die Behauptung des Autors. Kognitionspsychologische Aspekte der Rezeption literarischer Texte und ihre Funktionalisierung in der Lyrik und im Tagebuchprojekt Helmut Kraussers«. In: Andrea Bartl (Hg.): Verbalträume. Beiträge zur deutschsprachigen Gegenwartsliteratur. Augsburg (Wissner) 2005. S. 95–126.

Merklinger, Thomas: »Rom als poetologische Metapher. Zu Helmut Kraussers Rom-Tagebuch ›November‹«. In: Ralf Georg Czapla / Anna Fattorie (Hg.): Die verewigte Stadt. Rom in der deutschsprachigen Literatur nach 1945. Bern u.a. (Lang) 2008. S. 317–343.

Wehdeking, Volker: »Helmut Kraussers Dichterbild in seinen Tagebüchern: die exemplarische Selbstinszenierung im Kommentar zur Erzählung ›Der große Bagarozy‹«. In: Gunter E. Grimm / Christian Schärf (Hg.): Schriftsteller-Inszenierungen. Bielefeld (Aisthesis) 2008. S. 249–272.

Hagestedt, Lutz: »Die Beute des Tages. Aspekte des Komischen und Poetologischen in Helmut Kraussers Diarienzyklus«. In: Conter / Jahraus 2009. S. 77–94.

Niefanger, Dirk: »Helmut Kraussers Selbstinszenierungen. Strategisches Sammeln und Schreiben in den *Tagebüchern*«. In: Conter / Jahraus 2009. S. 109–126.

»Melodien oder Nachträge zum quecksilbernen Zeitalter« (1993)

Christ, Richard: »Der Orpheus-Mythos. Helmut Krausser: ›Melodien oder Nachträge zum quecksilbernen Zeitalter‹«. In: ndl. Neue deutsche Literatur 41 (1993). H. 487. S. 157–162.

Vollhardt, Friedrich: »Der Eco-Effekt oder: Wie steht es um den ›historischen Roman‹ in der Gegenwartsliteratur?«. In: Deutscher Akademischer Austauschdienst (Hg.): Germanistentreffen Bundesrepublik Deutschland – Türkei: 25.9.–29.9.1994. Dokumentation der Tagungsbeiträge. Redaktion Werner Roggausch. Bonn (DAAD) 1995. S. 263–274.

Hagestedt, Lutz: »Melodien«. In: Walter Jens (Hg.): Kindlers Neues Literatur Lexikon. Bd. 21, Supplement A–K. München (Kindler) 1998. S. 744–745.

Hagestedt, Lutz: »Helmut Krausser. Melodien oder Nachträge zum quecksilbernen Zeitalter«. In: Frank Rainer Max / Christine Ruhrberg (Hg.): Reclams Romanlexikon. Deutschsprachige erzählende Literatur vom Mittelalter bis zur Gegenwart. Stuttgart (Reclam) 2000. S. 657–658.

Pätzold, Torsten: »Textstrukturen und narrative Welten. Narratologische Untersuchungen zur Multiperspektivität am Beispiel von Bodo Kirchhoffs ›Infanta‹ und Helmut Kraussers ›Melodien‹«. Frankfurt/M., Berlin u.a. (Lang) 2000.

Petersdorff, Marc: »Mythos der Melodien oder Rausch als Konstrukt: Helmut Krausser als Mythosoph«. In: Kritische Ausgabe 9 (2005). H. 1. S. 23–25.

Groote, Inga Mai: »Traurige Tropoi. Anmerkungen zu Kraussers ›Melodien‹ und der Ideengeschichte des musikalischen Ethos«. In: Conter / Jahraus 2009. S. 127–142.

Vollhardt, Friedrich: »Helmut Krausser und der historische Roman«. In: Conter / Jahraus 2009. S. 181–196.

»Die Zerstörung der europäischen Städte« (1994)

Mertens, Volker: »Aus der Sammelmappe«. In: ndl. Neue deutsche Literatur 42 (1994). H. 4. S. 151–152.

»Thanatos« (1996)

Altmann, Gerhard: »Helmut Krausser: Thanatos«. In: Buchkultur (1996). H. 37.

Jung, Werner: »Ein Buch für ›Lesefutterknechte?‹«. In: ndl. Neue deutsche Literatur 44 (Mai/Juni 1996). H. 507. S. 163–165

Steigerwald, Jörn: »Helmut Krausser: ›Thanatos‹ oder Die romantische Adoleszenzkrise im Zeitalter ihrer postmodernen Reproduktionen. In: Athenäum. Jahrbuch für Romantik 6 (1996). S. 253–257.

Hagestedt, Lutz: »Helmut Krausser: Thanatos«. In: Frank Rainer Max / Christine Ruhrberg (Hg.): Reclams Romanlexikon. Deutschsprachige erzählende Literatur vom Mittelalter bis zur Gegenwart. Stuttgart (Reclam) 2000. S. 658.

Tebbe, Thomas: »Konnotative Partikeln zur romantischen Sicht des Verbrechens: Helmut Kraussers ›Thanatos‹«. In: Wieland Freund / Winfried Freund (Hg.): Der deutsche Roman der Gegenwart. München (Fink) 2001. S. 162–169.

Hagen, Anja: »›Kokettieren mit pur romantischer Geistesverwirrung‹ – Helmut Krausser, ›Thanatos. Das schwarze Buch‹«. In: Dies.: Gedächtnisort Romantik. Intertextuelle Verfahren in der Prosa der 80er und 90er Jahre. Bielefeld (Aisthesis) 2003. S. 412–440.

»Der große Bagarozy« (1997)

Freund, Winfried: »›Lust auf Schönheit ...‹: Helmut Kraussers ›Der große Bagarozy‹«. In: Wieland Freund / Winfried Freund (Hg.): Der deutsche Roman der Gegenwart. München (Fink) 2001. S. 175–182.

Wehdeking, Volker: »Helmut Krausser: ›Der große Bagarozy‹ – Mephisto als Callas-Fan und Psychiatrie-Patient; Bernd Eichingers Filmadaption im jungen deutschen Filmstil«. In: Ders.: Generationenwechsel: Intermedialität in der deutschen Gegenwartsliteratur. Berlin (Erich Schmidt) 2007. S. 93–112.

Marx, Friedhelm: »Schwarze Romantik? Helmut Kraussers Teufelsroman ›Der große Bagarozy‹«. In: Conter / Jahraus 2009. S. 63–73.

»Gedichte '79–'99« (1999)

Segebrecht, Wulf: »Helmut Krausser als Lyriker. Eine Vorstellung«. In: Conter / Jahraus 2009. S. 145–162.

»Schmerznovelle« (2001)

Schuchter, Veronika: »Die gespaltene Frau: Helmut Kraussers ›Schmerznovelle‹«. In: Dies.: Wahnsinn und Weiblichkeit: Motive in der Literatur von William Shakespeare bis Helmut Krausser. Marburg (Tectum) 2009. S. 105–118.

»Wenn Gwendolin nachts schlafen ging« (2002)

Maiwald, Klaus: »Nachtseiten. Susanne Straßers und Helmut Kraussers Bilderbuch ›Wenn Gwendolin nachts schlafen ging‹«. In: Conter / Jahraus 2009. S. 211–224.

»Strom. 99 neue Gedichte« (2003)

Rehfeldt, Martin: »Helmut Krausser: Strom. Neunundneunzig neue Gedichte«. In: Deutsche Bücher, Forum für Literatur 34 (2004). H. 1. S. 61–64.

Kosler, Hans Christian: »Alle Wege führen nach Rom«. In: Marcel Reich-Ranicki (Hg.): Frankfurter Anthologie. Gedichte und Interpretationen. Bd. 31. Frankfurt/M., Leipzig (Insel) 2007. S. 238–239.

Segebrecht, Wulf: »Helmut Krausser als Lyriker. Eine Vorstellung«. In: Conter / Jahraus 2009. S. 145–162.

»Stücke '93–'03« (2003)

Mustroph, Tom: »Rauschhafte Scharaden«. In: Christel Weiler / Harald Müller (Hg.): Stückwerk 3. Neue deutschsprachige Dramatik. Berlin (Internationales Theaterinstitut) 2001. S. 88–90.

Michalzik, Peter: »Wahn ist im Theater Größe. Der Dramatiker Helmut Krausser«. In: Helmut Krausser: Stücke '93–'03. Frankfurt/M. (Fischer) 2003. S. 7–13.

Roßbach, Nikola: »Stimmgemenge: Theater, Text und Genre bei Helmut Krausser«. In: Hans-Peter Bayerdörfer (Hg.): Vom Drama zum Theatertext. Zur Situation der Dramatik in Ländern Mitteleuropas. Tübingen (Niemeyer) 2007. S. 165–172.

Birgfeld, Johannes: »›Hierzulande werde ich kaum noch gespielt‹. Der Dramatiker Helmut Krausser«. In: Conter / Jahraus 2009. S. 163–180.

Bennewitz, Ingrid: »Unser Lied – ein neues Lied? Helmut Kraussers Gesang vom Untergang Burgunds im Kontext zeitgenössischer Nibelungenrezeption«. In: Conter / Jahraus 2009. S. 283–296.

»UC« (2003)

Jahraus, Oliver: »Literatur und andere Obsessionen. Helmut Krausser: UC. Roman. Unter Zuhilfenahme eines Märchens von H. C. Andersen«. In: Deutsche Bücher 33 (2003). H. 3. S. 197–200.

Rehfeldt, Martin: »›Guten Tag, Herr Krausser. Vielen Dank auch‹. Nichtprofessionelle Lektüren von ›UC‹ und ihre Folgen für das Verhältnis zwischen Lesern und Autor«. In: Conter / Jahraus 2009. S. 315–333.

»Die wilden Hunde von Pompeii. Eine Geschichte« (2004)

Ecker, Hans-Peter: »Figuren- und Handlungsdesign als Parodie des so genannten Monomythos. Helmut Kraussers ›Die wilden Hunde von Pompeii‹«. In: Conter / Jahraus 2009. S. 197–210.

»Eros« (2006)

Rehfeldt, Martin: »Helmut Krausser: Eros. Roman«. In: Deutsche Bücher 36 (2006). H. 3. S. 203–209.

»Plasma. Gedichte 03–07« (2007)

Rehfeldt, Martin: »Helmut Krausser: Plasma. Gedichte 03–07«. In: Deutsche Bücher 37 (2007). H. 3/4. S. 291–301.

Segebrecht, Wulf: »Helmut Krausser als Lyriker. Eine Vorstellung«. In: Conter / Jahraus 2009. S. 145–162.

»Kartongeschichte« (2007)

Rehfeldt, Martin: »Helmut Krausser: Kartongeschichte. Roman«. In: Deutsche Bücher 37 (2007). H. 2. S. 125–131.

»Aussortiert« [unter dem Pseudonym Titus Keller] (2007)

Rehfeldt, Martin: »Titus Keller: Aussortiert«. In: Deutsche Bücher 37 (2007). H. 3/4. S. 284–291.

Helmut Krausser, geboren am 11.7.1964 in Esslingen am Neckar; Studium der Archäologie, Kunstgeschichte und Theaterwissenschaft in München; 1989 Literaturstipendium der Stadt München; 1992–1994 Durchbruch mit den Romanen »Fette Welt« und »Melodien« sowie dem Theaterstück »Lederfresse«; 1994 Poetikvorlesungen an der Ludwig-Maximilians-Universität München; 1998 Villa-Massimo-Stipendium, Rom; 2005 Heinrich-Heine-Stipendium, Lüneburg; 2007/2008 Poetikprofessur an der LMU-München. Krausser lebt in Potsdam.
Auszeichnungen: Tukan-Preis der Stadt München für »Melodien« (1993); Hörspiel des Jahres-Preis für »Diptychon – Dienstag« (2000); Prix Italia für »Denotation Babel« (2000).

*

Ulrich Faure, geboren 1954; Online-Chefedakteur beim Branchenblatt »BuchMarkt«, Publizist und Herausgeber. Veröffentlichungen u. a.: »Im Knotenpunkt des Weltverkehrs. Herzfelde, Heartfield und der Malik-Verlag« (1992), »Verpatzte Selbstmorde. Ein literarischer Streifzug« (Hg., 2006). Produzent zweier Hörbücher von Albert Vigoleis Thelen. Im Herbst 2010 erscheint der erste von ihm mitherausgegebene Briefband von Thelen.

Lutz Hagestedt, geboren 1960; Professor für neuere und neueste deutsche Literatur an der Universität Rostock. Zuletzt erschienen: »Namen- und Stadtlandschaften. Beiträge des Hans-Fallada-Symposiums« (Mithg., 2008), »Literatur als Lust. Begegnungen zwischen Poesie und Wissenschaft« (Hg., 2008), Michael Titzmann: »Realismus und Frühe Moderne« (Hg., 2009), »Herr der Welt. Kommentierendes Handbuch zu Arno Schmidts Schwarze Spiegel« (Koautor, 2009).

Oliver Jahraus, geboren 1964; Professor für Neuere deutsche Literatur und Medien an der LMU München. Veröffentlichungen u. a.: »Das ›monomanische‹ Werk« (1992), »Die Aktion des Wiener Aktionismus« (2001), »Theorieschleife« (2001), »Kafkas ›Urteil‹ und die Literaturtheorie« (Mithg., 2002), »Literatur als Medium« (2003), »Martin Heidegger« (2004), »Amour fou« (2004), »Literaturtheorie« (2004), »Franz Kafka« (2006), »Kafka-Handbuch« (Mithg., 2008), »Sex – Tod – Genie« (Mithg., 2009).

Christoph Jürgensen, geboren 1972; Studium der Germanistik und Philosophie in Kiel, Promotion 2005; Wissenschaftlicher Mitarbeiter an der Georg-August-Universität Göttingen. Zuletzt erschienen: »›Der Rahmen arbeitet‹ –

Paratextuelle Strategien der Lektürelenkung im Werk Arno Schmidts« (2007), »Zwischen Text und Leser« (Mithg., 2008), »Nine Eleven – Ästhetische Verarbeitungen des 11. September 2001« (Mithg., 2008).

Daniel Kehlmann, geboren 1975; Romancier und Essayist. Zuletzt erschienen: »Die Vermessung der Welt. Roman« (2005), »Wo ist Carlos Montúfar? Über Bücher« (2005), »Diese sehr ernsten Scherze. Poetikvorlesungen« (2007), »Requiem für einen Hund. Ein Gespräch« (2008), »Ruhm. Ein Roman in neun Geschichten« (2009), »Lob. Über Literatur« (2010).

Tom Kindt, geboren 1970; Studium der Germanistik und Philosophie in Hamburg, Promotion 2001; Wissenschaftlicher Mitarbeiter an der Georg-August-Universität Göttingen, Habilitation 2010. Zuletzt erschienen u. a.: »Ungeheuer Brecht« (Koautor, 2006), »The Implied Author« (Koautor, 2006), »Unzuverlässiges Erzählen und literarische Moderne« (2008), »Moderne Interpretationstheorien« (Mithg., 2008).

Steffen Martus, geboren 1968; Professor für neuere deutsche Literatur an der Humboldt-Universität zu Berlin. Zuletzt erschienen u. a.: »Werkpolitik. Zur Literaturgeschichte kritischer Kommunikation vom 17. bis ins 20. Jahrhundert mit Studien zu Klopstock, Tieck, Goethe und George« (2007), »Die Brüder Grimm. Eine Biographie« (2009).

Albert Ostermaier, geboren 1967; Schriftsteller, vor allem Lyriker und Dramatiker. Zuletzt erschienen: »Der Torwart ist immer dort, wo es weh tut« (2006), »Für den Anfang der Nacht. Liebesgedichte« (2007), »Wer sehen will. Gedichte« (2008), »Zephyr. Roman« (2008), »Fratzen. Stücke« (2009).

Martin Rehfeldt, geboren 1978; Studium der Rechtswissenschaften, Neueren deutschen Literaturwissenschaften, Philosophie und Psychologie in Augsburg und Bamberg, M.A. 2005 mit einer Arbeit zu Helmut Kraussers Roman »UC«; Wissenschaftlicher Mitarbeiter an der Otto-Friedrich-Universität Bamberg; Redakteur der Zeitschrift »Deutsche Bücher. Forum für Literatur«, Herausgeber von »www.deutsche-buecher.net«.

Sascha Seiler, geboren 1972; Studium der Allgemeinen und Vergleichenden Literaturwissenschaft, Amerikanistik und Romanistik in Mainz, Promotion 2005. Akademischer Rat an der Johannes Gutenberg-Universität Mainz. Zuletzt erschienen: »Was bisher geschah« (Hg., 2008), »Literarische Medienreflexionen« (Mithg., 2008), »Handbuch der literarischen Gattungen« (Mithg., 2009), »9/11 als kulturelle Zäsur« (Mithg., 2009), »Von Zäsuren und Ereignissen« (Mithg., 2010).

Bisher sind in der Reihe TEXT+KRITIK erschienen:

Günter Grass
(1) 7. Aufl., 138 Seiten

Hans Henny Jahnn
(2/3) vergriffen

Georg Trakl
(4/4a) 4. Aufl., 123 Seiten

Günter Eich
(5) vergriffen

Ingeborg Bachmann
(6) 5. Aufl., 207 Seiten

Andreas Gryphius
(7/8) 2. Aufl., 130 Seiten

Politische Lyrik
(9/9a) 3. Aufl., 111 Seiten

Hermann Hesse
(10/11) 2. Aufl., 132 Seiten

Robert Walser
(12/12a) 4. Aufl., 216 Seiten

Alfred Döblin
(13/14) 2. Aufl., 80 Seiten

Henry James
(15/16) vergriffen

Cesare Pavese
(17) vergriffen

Heinrich Heine
(18/19) 4. Aufl., 203 Seiten

Arno Schmidt
(20/20a) 4. Aufl., 221 Seiten

Robert Musil
(21/22) 3. Aufl., 179 Seiten

Nelly Sachs
(23) 2. Aufl., 60 Seiten

Peter Handke
(24) 6. Aufl., 141 Seiten

Konkrete Poesie I
(25) vergriffen

Lessing contra Goeze
(26/27) vergriffen

Elias Canetti
(28) 4. Aufl., 177 Seiten

Kurt Tucholsky
(29) 3. Aufl., 103 Seiten

Konkrete Poesie II
(30) vergriffen

Walter Benjamin
(31/32) 3. Aufl., 232 Seiten

Heinrich Böll
(33) 3. Aufl., 156 Seiten

Wolfgang Koeppen
(34) vergriffen

Kurt Schwitters
(35/36) vergriffen

Peter Weiss
(37) vergriffen

Anna Seghers
(38) vergriffen

Georg Lukács
(39/40) 90 Seiten

Martin Walser
(41/42) 3. Aufl., 156 Seiten

Thomas Bernhard
(43) 3. Aufl., 153 Seiten

Gottfried Benn
(44) 3. Aufl., 223 Seiten

Max von der Grün
(45) vergriffen

Christa Wolf
(46) 4. Aufl., 151 Seiten

Max Frisch
(47/48) vergriffen

H.M. Enzensberger
(49) 2. Aufl., 133 Seiten

Friedrich Dürrenmatt I
(50/51) 3. Aufl., 245 Seiten

Siegfried Lenz
(52) 2. Aufl., 88 Seiten

Paul Celan
(53/54) 3. Aufl., 185 Seiten

Volker Braun
(55) 65 Seiten

Friedrich Dürrenmatt II
(56) vergriffen

Franz Xaver Kroetz
(57) vergriffen

Rolf Hochhuth
(58) 67 Seiten

Wolfgang Bauer
(59) 53 Seiten

Franz Mon
(60) 80 Seiten

Alfred Andersch
(61/62) vergriffen

Ital. Neorealismus
(63) vergriffen

Marieluise Fleißer
(64) 95 Seiten

Uwe Johnson
(65/66) 2. Aufl., 212 Seiten

Egon Erwin Kisch
(67) 63 Seiten

Siegfried Kracauer
(68) 90 Seiten

Helmut Heißenbüttel
(69/70) 126 Seiten

Rolf Dieter Brinkmann
(71) 102 Seiten

Hubert Fichte
(72) 118 Seiten

Heiner Müller
(73) 2. Aufl., 214 Seiten

Joh. Christian Günther
(74/75) 142 Seiten

Ernst Weiß
(76) 88 Seiten

Karl Krolow
(77) 95 Seiten

Walter Mehring
(78) 83 Seiten

Lion Feuchtwanger
(79/80) 148 Seiten

Bisher sind in der Reihe TEXT+KRITIK erschienen:

Botho Strauß
(81) 166 Seiten

Erich Arendt
(82/83) 155 Seiten

Friederike Mayröcker
(84) 98 Seiten

Alexander Kluge
(85/86) 166 Seiten

Carl Sternheim
(87) 112 Seiten

Dieter Wellershoff
(88) 116 Seiten

Wolfgang Hildesheimer
(89/90) 141 Seiten

Erich Fried
(91) 2. Aufl., 119 Seiten

Hans/Jean Arp
(92) 119 Seiten

Klaus Mann
(93/94) 141 Seiten

Carl Einstein
(95) vergriffen

Ernst Meister
(96) 98 Seiten

Peter Rühmkorf
(97) 94 Seiten

Herbert Marcuse
(98) 123 Seiten

Jean Améry
(99) 85 Seiten

Über Literaturkritik
(100) 112 Seiten

Sarah Kirsch
(101) 104 Seiten

B. Traven
(102) 100 Seiten

Rainer Werner Fassbinder
(103) vergriffen

Arnold Zweig
(104) 105 Seiten

Ernst Jünger
(105/106) 167 Seiten

Eckhard Henscheid
(107) vergriffen

MachtApparatLiteratur. Literatur und ›Stalinismus‹
(108) 100 Seiten

Günter Kunert
(109) 95 Seiten

Paul Nizon
(110) 99 Seiten

Christoph Hein
(111) vergriffen

Brigitte Kronauer
(112) 91 Seiten

Vom gegenwärtigen Zustand der deutschen Literatur
(113) vergriffen

Georg Christoph Lichtenberg
(114) 91 Seiten

Günther Anders
(115) 103 Seiten

Jurek Becker
(116) vergriffen

Elfriede Jelinek
(117) 3. Aufl., 127 Seiten

Karl Philipp Moritz
(118/119) 142 Seiten

Feinderklärung Literatur und Staatssicherheitsdienst
(120) 117 Seiten

Arno Holz
(121) 129 Seiten

Else Lasker-Schüler
(122) 102 Seiten

Wolfgang Hilbig
(123) 99 Seiten

Literaten und Krieg
(124) 112 Seiten

Hans Joachim Schädlich
(125) 97 Seiten

Johann Gottfried Seume
(126) 116 Seiten

Günter de Bruyn
(127) 109 Seiten

Gerhard Roth
(128) 102 Seiten

Ernst Jandl
(129) 113 Seiten

Adolph Freiherr Knigge
(130) 107 Seiten

Frank Wedekind
(131/132) 185 Seiten

George Tabori
(133) 106 Seiten

Stefan Schütz
(134) 93 Seiten

Ludwig Harig
(135) 91 Seiten

Robert Gernhardt
(136) 121 Seiten

Peter Waterhouse
(137) 98 Seiten

Arthur Schnitzler
(138/139) 174 Seiten

Urs Widmer
(140) 94 Seiten

Hermann Lenz
(141) 104 Seiten

Gerhart Hauptmann
(142) 117 Seiten

Aktualität der Romantik
(143) 100 Seiten

Literatur und Holocaust
(144) 97 Seiten

Tankred Dorst
(145) 99 Seiten

J. M. R. Lenz
(146) 97 Seiten

Bisher sind in der Reihe TEXT+KRITIK erschienen:

Thomas Kling
(147) 122 Seiten

Joachim Ringelnatz
(148) 115 Seiten

Erich Maria Remarque
(149) 104 Seiten

Heimito von Doderer
(150) 113 Seiten

Johann Peter Hebel
(151) 109 Seiten

Digitale Literatur
(152) 137 Seiten

Durs Grünbein
(153) 93 Seiten

Barock
(154) 124 Seiten

Herta Müller
(155) 105 Seiten

Veza Canetti
(156) 111 Seiten

Peter Huchel
(157) 98 Seiten

W. G. Sebald
(158) 119 Seiten

Jürgen Becker
(159) 130 Seiten

Adalbert Stifter
(160) 115 Seiten

Ludwig Hohl
(161) 111 Seiten

Wilhelm Genazino
(162) 108 Seiten

H. G. Adler
(163) 115 Seiten

Marlene Streeruwitz
(164) 92 Seiten

Johannes Bobrowski
(165) 113 Seiten

Hannah Arendt
(166/167) 198 Seiten

Stefan George
(168) 124 Seiten

Walter Kempowski
(169) 107 Seiten

Nicolas Born
(170) 125 Seiten

Junge Lyrik
(171) 119 Seiten

Wilhelm Raabe
(172) 114 Seiten

Benutzte Lyrik
(173) 116 Seiten

Robert Schindel
(174) 100 Seiten

Ilse Aichinger
(175) 117 Seiten

Raoul Schrott
(176) 104 Seiten

Daniel Kehlmann
(177) 91 Seiten

Jeremias Gotthelf
(178/179) 149 Seiten

Juden.Bilder
(180) 126 Seiten

Georges-Arthur Goldschmidt
(181) 94 Seiten

Grete Weil
(182) 115 Seiten

Irmgard Keun
(183) 109 Seiten

Carlfriedrich Claus
(184) 141 Seiten

Hans Jürgen von der Wense
(185) 129 Seiten

Oskar Pastior
(186) 108 Seiten

Helmut Krausser
(187) 117 Seiten

(Sonderbände
s. nächste Seite)

Muttersprache

Vierteljahresschrift für deutsche Sprache

Die Muttersprache stellt die Ergebnisse der germanistischen Sprachwissenschaft nicht nur für Linguistinnen und Linguisten, sondern auch für Angehörige anderer Fachrichtungen sowie für alle Interessierten dar. 1886 gegründet, erscheint sie 2010 im 120. Jahrgang.

Schwerpunkte:
Wortforschung, Fragen der Sprachkultur,
theoretische Grundlagen und Erfahrungen der Sprachpflege,
Fachsprachen, Deutsch im internationalen Vergleich,
Deutschdidaktik, Sprachentwicklung, Sprachgeschichte,
Sprache und Medien.

Eine Auswahl der Themen der letzten Jahre:
Dialekt und Schulerfolg – Sprache in der Technik – Aufgaben und Ziele der Sprachpflege – Sprichwörter in Presse, Werbung und Literatur – Fremdwörter – Johann Wolfgang Goethe – Martin Luther – Märchen der Brüder Grimm – Sprache der Nazis und Neonazis – Deutsch im Ost-West-Vergleich – Sprache und Literatur von Ausländern in Deutschland – Aspekte der Gegenwartssprache – Deutsch im Ausland – Sprache im vereinigten Deutschland – Sprachpflege und Sprachkultur heute – Wortbildung und Orthographie – Krieg und Sprache – Denken, Sprache und Gehirn – Sprache und Fußball – Etymologie versus Volksetymologie – Pseudomorpheme – Umsetzung von Sprechintentionen über Intonation.

Herausgegeben vom
Hauptvorstand der Gesellschaft für deutsche Sprache:
Prof. Dr. Dr. h. c. Armin Burkhardt, Prof. Dr. Rudolf Hoberg, Prof. Dr. Peter Schlobinski, Eva Teubert, Prof. Dr.-Ing. Alfred Warner.

Redaktion: Nicola Frank
im Zusammenwirken mit den wissenschaftlichen Mitarbeiterinnen und Mitarbeitern der Gesellschaft für deutsche Sprache;
Anschrift:
Gesellschaft für deutsche Sprache
Spiegelgasse 13
65183 Wiesbaden
www.gfds.de

Je Jahrgang 4 Hefte. Probeheft auf Wunsch.
Bezugspreis: 70,00 EUR. Preis eines Einzelheftes: 19,00 EUR.
Bezugspreis für Mitglieder der GfdS: 55,00 EUR, für Studierende:
45,00 EUR. Alle Preise zuzüglich Versandkosten.

Bestellungen nehmen jede Buchhandlung und die GfdS entgegen.

ISSN: 0027-514 X